In flagranti

Ehebrecherinnen
von der Antike
bis heute

Sabine Melchior-Bonnet
Aude de Tocqueville

In flagranti

Ehebrecherinnen von der Antike bis heute

Aus dem Französischen von
Uta Rüenauver

Gerstenberg Verlag

»Er wird beleidigt …

Vorwort

Jahrhundertelang ist die Geschichte des Ehebruchs die Geschichte der aus der männlichen Perspektive gesehenen Frau: der lasziven, treulosen, gefährlichen, schuldigen, ja sogar kriminellen Frau. Das letzte Attribut ist nicht übertrieben, vergegenwärtigt man sich, dass der Ehebruch in Deutschland erst durch das 1. Strafrechtsreformgesetz vom 25. 6. 1969 »entkriminalisiert« wird. Die Untreue des Ehemannes bleibt lange unbeachtet, wohingegen der Verrat der Ehefrau streng geahndet wird, verwischt er doch die Abstammungslinien. Mehrere Frauen zu haben, Überbleibsel eines ehemals erlaubten Konkubinats, ist für den Mann Zeichen von Reichtum und Gesundheit. Und sein zorniger Griff zum Dolch oder Revolver als Reaktion auf die Untreue der Frau trifft allzu oft auf die Nachsicht der Gerichte.

Zwei normative Diskurse liefern den Rahmen für eine Geschichte des Ehebruchs: der rechtliche und der religiöse Diskurs. Ihre Beständigkeit über Jahrhunderte hinweg ist bemerkenswert. Dank des talentierten Redners Lysias besitzen wir aus dem 4. Jahrhundert v. Chr. eine der ersten Verteidigungsreden, die zugunsten eines Ehemannes gehalten wurde, der kaltblütig den Geliebten seiner Frau getötet hat. Das Plädoyer legt den Akzent auf das Unrecht, das gegen die Stadt verübt worden ist, und es ist fraglich, ob die Argumente des Lysias nicht auch in einem modernen Gerichtssaal vorgebracht werden könnten. Der Ehebruch gefährdet nicht nur die private, sondern untergräbt immer auch die gesellschaftliche Ordnung. Zwar fordert der religiöse Diskurs die Gleichbehandlung von Mann und Frau, aber tatsächlich trifft die ganze Strenge vor allem die schuldige Ehefrau.

Um sich ein Bild von der menschlichen und kulturellen Dimension der Untreue zu machen, ist der Rückgriff auf ihre Darstellung in der Literatur nötig. Ob Leidenschaft oder Zeitvertreib, Seitensprünge oder gar längere Affären bringen bald Dramen, bald Possen hervor. Was bliebe von unserer Literatur ohne das ewige Trio von eifersüchtigem Ehemann, begehrter Frau und draufgängerischem Verführer, diesem Trio, in dem sich die Wünsche entgegenstehen, verfehlen, verbrauchen und gelegentlich belügen? »Ach, wer hätt's geglaubt, Önone! Man liebte eine andere!« Die Gegenwart des »anderen« reizt die Wunde, mehr noch als die enttäuschte Liebe und das unerfüllte Verlangen, und das Trio mit seiner Ausgrenzung verursachenden Konfliktstruktur liefert einen unerschöpflichen Vorrat an komischen bis dramatischen Situationen und Intrigen. Die Fiktion, die durch das alltägliche Leben genährt wird, verändert ihrerseits die Wirklichkeit, indem sie neue Perspektiven aufzeigt. Allmählich – und der Roman des 19. Jahrhunderts hat daran maßgeblich mitgewirkt – verändern sich die Verantwortlichkeiten für das Vergehen.

Der Ehebruch der Frau stellt die auf der Autorität der Eltern gegründete Institution Ehe, den Gehorsam der Töchter und die Tyrannei des Ehemannes in Frage. Mit dem Erfolg der Frauenbewegung, die die Gleichheit der Geschlechter fordert, verändern sich allmählich auch die Regeln der Eheschließung. Die Anerkennung der Scheidung, das Recht auf erfüllte Sexualität und selbstbestimmte Empfängnis haben die Frauen zumindest teilweise zu Gebieterinnen über ihre eigene Geschichte gemacht. Sich den Ehemann auswählen zu können und einer Form der Unterwerfung durch größere finanzielle Unabhängigkeit entkommen zu sein ist jedoch keine Garantie, nicht das Unglück des Liebesverlusts zu erleiden. Aber von nun an gehen die Ehepartner dieselben Verpflichtungen und dieselben Risiken ein, sie tauschen dieselben Schwüre und dieselben Entschuldigungen.

Die Autorinnen

… sie ist die Schuldige«

Inhalt

Der Ehebruch in Griechenland

Ein Vergehen gegen die Stadt

Oben: *Griechische Statuette aus dem 2. Jh. v. Chr. Der Mann empfängt seine Verlobte aus den Händen ihres Vaters oder Vormunds. Ein griechischer Bürger erwartet von der Ehe nicht Liebe, sondern die Geburt eines Sohnes.*

Rechts: *Helena und Menelaos, etruskische Bronze, 4. Jh. v. Chr. Trotz aller Aufmerksamkeit sind die Wachen machtlos gegenüber einer Gefahr, die die Eheleute und mit ihnen die ganze Stadt von innen bedroht: die der Untreue.*

Euphiletos ist ein angesehener Bürger. Er betreibt ein kleines landwirtschaftliches Anwesen in der Nähe von Athen. In der Stadt besitzt er ein behagliches Heim, eine hübsche Gattin, ein Baby – ihr erstes Kind –, eine Sklavin und eine Dienerin, die sich um die Einkäufe und den Haushalt kümmert. Er hat Vertrauen zu seiner jungen Frau, hält sie für klug, für eine sparsame Hausfrau und eine gute Hausherrin, kurz: für eine vorbildliche Ehefrau.

Zu Beginn ihrer Verbindung achtet Euphiletos darauf, seiner Frau keine übertriebenen Freiheiten zu lassen; bevor seine Mutter starb, wohnte sie bei der jungen Familie und leistete der Gattin Gesellschaft. Nach der Geburt des Kindes lockert Euphiletos die Zügel, da er sich nun der Stärke ihrer Bande und ihrer gemeinsamen Interessen gewiss ist. Er ist ein aufmerksamer Ehemann, der die junge Mutter mit Liebenswürdigkeiten umgibt und ihr das Erdgeschoss des Hauses überlässt, um ihr die Anstrengung des Treppensteigens zu ersparen, wenn sie das Baby baden oder stillen muss. Dies alles hindert ihn aber nicht daran, sich an die kleine Sklavin heranzumachen, wenn er etwas getrunken hat.

Unten: Der Kuss, *Ende des 2. Jh.s v. Chr. Die Atmosphäre der griechischen Stadt ist mit Erotik aufgeladen, der Körper und die Liebe werden verherrlicht.*

Die Falle

Eines Abends kommt Euphiletos unerwartet nach Hause. Er spürt eine ungewöhnliche Atmosphäre. Das Kind schreit, und er bittet seine Gattin, dem Kleinen die Brust zu geben, um ihn zu beruhigen. Sie murrt ein wenig und erwidert, sie wolle lieber in Ruhe die Freuden seiner unverhofften Rückkehr genießen. Endlich, auf sein wiederholtes Bitten hin, erhebt sie sich, schließt, wie zum Spaß, beim Hinausgehen die Tür ab und nimmt den Schlüssel mit – Schlüssel sind das Zeichen der Autorität in einem Haus. Er hört zwar noch ein paar merkwürdige Geräusche, schläft dann aber doch zufrieden ein. Bei Tagesanbruch schließt seine Gattin die Zimmertür wieder auf und erklärt, die Lampe im Zimmer des Kindes sei ausgegangen und hätte beim Nachbarn wieder angezündet werden müssen.

Ein paar Tage später bemerkt Euphiletos, dass sich seine Frau mit weißem Puder und Rouge geschminkt hat – eine Aufmachung, in der sich eigentlich nur Kurtisanen zeigen. Er ist überrascht, denn die junge Frau trauert gerade um ihren Bruder und geht kaum aus dem Haus. Die Athenerinnen verlassen das *gynecôn* (Frauengemach) nur zu Familienzeremonien wie Bestattungen, zu den Panathenäen oder zum großen Fest der Thesmophorien, das Demeter geweiht ist, der Göttin der fruchtbaren Erde, und nur von verheirateten Frauen begangen wird.

Einige Zeit später wird Euphiletos auf der Straße von einer alten Dienerin angesprochen. Sie verrät ihm, dass seine Gemahlin in seiner Abwesenheit einen Liebhaber empfange. Die kleine Sklavin ermögliche die nächtlichen Begegnungen, und der Ehemann müsse sie nur befragen, um mehr zu erfahren. Euphiletos fallen nun all die Merkwürdigkeiten der letzten Wochen ein, und er zwingt seine Dienerin unter Drohungen, ihm die Wahrheit zu sagen. Verängstigt nennt sie schließlich den Namen des Eratosthenes und gibt Einzelheiten über die heimlichen Treffen der Liebenden preis: Bei der Beerdigung von Euphiletos' Mutter hätten sie sich kennen gelernt und sich während der Thesmophorien wieder gesehen. Die Sklavin erzählt, sie habe den Liebhaber durch die Tür zur Straße ins Haus gelassen und die seltsamen Geräusche, die Euphiletos am Tag seiner unerwarteten Rückkehr gehört habe, seien die Schritte des wartenden Eratosthenes gewesen.

Euphiletos handelt nicht wie ein vor Wut Wahnsinniger. Als ihm die Dienerin eines Abends die Anwesenheit des Eratosthenes meldet, schleicht er sich leise aus dem Zimmer, rüstet sich mit Fackeln aus und holt ein paar Freunde. Sie dringen in das Zimmer im Erdgeschoss ein: Der Liebhaber liegt nackt neben seiner Geliebten auf dem Bett. Als Eratosthenes die Männer sieht, springt er sofort auf. Der Ehemann aber wirft ihn zu Boden, fesselt ihm die Hände auf dem Rücken und tötet ihn, obwohl er um Gnade fleht. Hier endet das private Drama, und hier beginnt der öffentliche Prozess. Euphiletos, bekannt als ehrbarer Bürger Athens, ist eines Mordes schuldig, für den er sich vor der Stadt verantworten muss. Da die Athener die

Funktion eines Anwalts nicht kennen, nimmt Euphiletos die Dienste eines Schriftstellers in Anspruch, des angesehenen Redenschreibers Lysias. Dieser verteidigt in seinem Plädoyer den Mord als Notwehr und versucht zu zeigen, dass es sich weder um ein geplantes Verbrechen noch um eine private Rache handele. Dazu wird jeder Protagonist geschickt von ihm in Szene gesetzt: der Gatte, ein rechtschaffener und einfacher Mann, der ehrlich von seiner Arbeit lebt; die Gattin, schamlos und durchtrieben – ein bisschen Frauenhass kann den Richtern nur gefallen , und schließlich der Liebhaber, ein professioneller Verführer, der die Familien zerstört und gegen die Werte der Stadt verstößt. Hier steht die Arbeit gegen die Lust, die Ehe gegen die Ausschweifung: Euphiletos tritt als Verteidiger der Ordnung auf.

Oben: L'Interérieur d'un gynécée *(Das Innere eines Frauengemachs), Ferrario, 1827. Die anständige Frau geht nicht aus, insbesondere nicht, wenn sie von edler Herkunft ist. Toilette, Handarbeit, Kindererziehung: Sie ist von ihren Dienerinnen umgeben, speist selten an der Seite ihres Mannes und lebt getrennt von den männlichen Familienmitgliedern.*

Der erste berühmte Prozess des Abendlandes

Der Prozess findet um 400 v. Chr. statt. Athen erholt sich nur schwer vom Peloponnesischen Krieg und versucht, die moralischen Werte der bedrohten Demokratie wiederherzustellen, indem es sich auf die alten Gesetzgeber stützt. So beruft sich Euphiletos, um sich zu rechtfertigen, auf die Gesetze des Solon über die in flagranti entdeckte Tat. Über ihn sitzt das Delphinion zu Gericht, eine Institution, die angerufen wird, wenn der Angeklagte eine Tötung zwar zugibt, aber für diese eine rechtmäßige Entschuldigung geltend macht. Wird Euphiletos' Rechtfertigung nicht anerkannt, erwartet ihn die Todesstrafe, der er nur durch das Exil und den Verlust seines gesamten Besitzes entgehen kann.

Detailliert legt Euphiletos den Sachverhalt dar, von dem uns die Rede des Lysias Zeugnis gibt. Euphiletos behauptet, als guter Bürger und nicht aus Hass gehandelt zu haben. Hätte er ein Verbrechen begehen wollen, hätte er dann Zeugen gerufen? Eratosthenes hatte ihm eine beachtliche Summe Geldes als Entschädigung angeboten, aber Ehre lässt sich nicht zu Geld machen. Sein Akt der Selbstjustiz liegt auf der Linie der athenischen Gesetzgeber Drakon aus dem 7. Jahrhundert v. Chr. und Solon ein Jahrhundert später. Letzterer legte sogar fest, dass Vergewaltigung, Prostitution und Entführung durch hohe Geldstrafen geahndet werden konnten, Ehebruch jedoch nicht: Der weise Solon erlaubt dem Beleidigten (Vater, Bruder, Ehemann), der Zeuge eines Ehebruchs wird, den Beleidiger zu töten. Dies gilt als eine exemplarische Strafe, die dem Verbrechen angemessen ist! Denn der Ehebruch schadet der ganzen Stadt: Er untergräbt die Autorität des Vaters, der seine Tochter verheiratet hat und sein Geschlecht schützen will; er bedroht im Falle der Geburt eines Bastards die Familienbande und die Fortpflan-

Unten: L'Enlèvement d'Hélène *(Die Entführung der Helena), Liberale da Verona (um 1445–1526/1529). Der Trojanische Krieg findet wegen der Schönheit einer Frau statt. Alle Helden Griechenlands begehren Helena: Zunächst wird sie von Theseus entführt. Mit Menelaos verheiratet, gibt sie Paris, dem Sohn des Königs von Troja, nach und folgt ihm. Menelaos wird sie zurück nach Sparta bringen.*

zung der Bürgerschaft; er befleckt das Heim und die Hausgötter; schließlich könnte das schlechte Beispiel die Bevölkerung anstecken. Trägt nicht Helena, die von Paris entführte Frau des Menelaos, Schuld am Trojanischen Krieg? Das Solonische Gesetz erlaubt also, eine Ordnung zu übertreten, deren Harmonie durch das Vergehen eines ihrer Mitglieder zerstört wurde. So gesehen trat Euphiletos zum Wohle Athens für das Recht ein.

Die Gefühle der Beteiligten spielen bei der ganzen Angelegenheit keine Rolle, und der gehörnte Ehemann spricht gegenüber seinen Richtern nicht von seinem Schmerz. Erst ein Jahrhundert später wird die private Dimension des Konflikts in Erscheinung treten, dann nämlich, wenn sich auch der Begriff der Ehe verändern und sie ebenso Freundschaftspakt wie Vereinbarung zwischen den Familien sein wird. Aristoteles rehabilitiert die eheliche Liebe als natürliche, gegenseitige und die Tugend fördernde Zuneigung und empfiehlt beiden Geschlechtern in gleichem Maße Treue und Verantwortung *(Nikomachische Ethik)*. Platon verurteilt den

Folgende Doppelseite: Helena am Scea-Tor, *Gustave Moreau (1826–1898). Vor den Toren Trojas sinnt Helena über ihr Schicksal nach, während sie die Verwüstungen des Krieges betrachtet, den sie verursacht hat.*

Der Zeitpunkt der Zeugung und der Ehebruch nach Aristoteles

Da für Mann und Weib der Beginn des Alters, in dem sie zur Ehe schreiten sollen, bestimmt ist, so muss ebenso bestimmt werden, bis zu welchem Alter sie geziemenderweise dem Dienst der Kindererzeugung obliegen. Die Sprösslinge von ältlichen Leuten fallen, wie die von zu jungen Leuten, an Leib und Verstand unvollkommen entwickelt aus, und die von Greisen kommen als Schwächlinge zur Welt. Man nehme daher als Grenze den Zeitpunkt, wo der Verstand die Höhe seiner Entwicklung erreicht hat (…). Was aber den Verkehr mit einer anderen oder mit einem anderen betrifft, so soll es zwar schlechthin in keiner Hinsicht und in keiner Weise ehrenhaft sein, sich, solange man Gatte ist und heißt, auf solchem Umgang befinden zu lassen, sollte sich aber zeigen, dass einer Derartiges während der zur Kindererzeugung bestimmten Zeit tut, so soll er mit einer seinem Vergehen entsprechenden Entziehung der bürgerlichen Ehrenrechte bestraft werden.

Aristoteles, *Politik,* VII, 16

Links: *Römisches Mosaik. Platon unterrichtet die Geometrie. Mehrere seiner Dialoge handeln von der idealen Liebe, die aus der Anschauung der Schönheit entsteht, die Platon mit der Weisheit gleichsetzt. Diese Liebe hat nichts mit der ehelichen Verbindung zu tun, wie die politischen Gesetze sie beschreiben. Den Soldaten empfiehlt Platon die Gemeinschaft der Frauen, damit sie Eifersucht und Besitzstreben verlieren.*

Unten und rechts: *Schalen aus dem 5. und 4. Jh. v. Chr. Die griechische Kurtisane tanzt und spielt Flöte, um den Mann während eines Gastmahls zu erfreuen. Ihr transparentes Kleid betont ihre Formen. Ihre Aufgabe ist es, Vergnügen zu bereiten.*

»Die Kurtisanen haben wir für unser Vergnügen, die Konkubinen für die alltäglichen Bedürfnisse und die Ehefrauen für eine rechtmäßige Nachkommenschaft und als treue Wächterin daheim!«

Ehebruch vehement, weil sich in ihm die Gewalt der Triebe zeige und das Unvermögen der Menschen, sie zu beherrschen. Jahrhunderte später werden Plutarch und die Liebesromane des späten antiken Griechenlands die Neigungsehe preisen: Die Frau wird zu einer Partnerin – die die Liebe ihres Ehemannes zu erwecken vermag –, der Ehebruch wird zum Verrat. Züge eines Ehelebens im modernen Verständnis zeigen sich. Aber zu Euphiletos' Zeiten sind diese Vorstellungen von Begehren und Geschlechtergleichheit unschicklich, die Ehe hat keine andere Funktion, als den Erhalt der Familie zu sichern. Die Frau ist, wie Töchter und Diener, das Eigentum des Ehemannes; sie wird vor allem deshalb schonend behandelt, um ihren edlen Vater nicht zu verärgern. Solon erwägt auch den Fall, dass der Ehemann seine ehelichen Pflichten nicht erfüllen kann, und schlägt eine originelle Abhilfe vor: Bevor die Frau ihren Gatten mit irgendeinem Stutzer betrüge, solle sie lieber einem Verwandten des Mannes »ausgeliehen« werden, damit mögliche Kinder in der Familie blieben.

Ehefrauen und Konkubinen

Eine Gesellschaft stellt, sobald sie sich bildet, auch im Bereich der Sexualität Regeln auf, um der Freiheit Grenzen zu setzen. In Griechenland besitzt die athenische Frau keinerlei Rechte. Sie geht wenig aus, sieht ihren Mann kaum, leidet vielleicht im Stillen unter seinen Seitensprüngen mit den jungen Sklaven beiderlei Geschlechts. Ihre einzige Aufgabe besteht darin, ihrem Gatten einen rechtmäßigen Erben zu gebären. Sie führt das Haus und bleibt ihr Leben lang ihrem Herrn *(kurios)* unterworfen. Nicht sie, sondern ihr Vater oder ihr Vormund hat den Ehemann ausgesucht, und wenn der sie betrügt und einer freien Frau, einer Fremden oder einer Athenerin, den Hof macht, kann sie sich nur an den Archonten (einen der neun höchsten Staatsbeamten) wenden, der für die Angelegenheiten der Rechtlosen, der Frauen, Sklaven und Metöken (Fremden) zuständig ist, um eine Trennung zu verlangen. Nach einer Untersuchung entscheidet der Archont, ob Grund für eine Scheidung besteht; dazu müssen aber zumindest Gewalttätigkeiten und schlechte Behandlung vorgekommen sein.

Der Eskapaden ihres Mannes müde, die sich im ehelichen Heim abspielten, verlangte die edle Hipparete, die Gattin des Alkibiades, vor dem Archonten die Trennung von ihrem Mann. Alkibiades jedoch brachte sie gewaltsam wieder nach Hause, zweifellos, um ihre Mitgift zu behalten. Im Übrigen ist der Status einer getrennten Frau kaum beneidenswert: Den Gatten zu verlassen gilt als Schande.

Der Ehemann dagegen hat, ohne einen Grund angeben zu müssen, alle Freiheit, seine Frau zu verstoßen: bei Unfruchtbarkeit, Unvereinbarkeit der Charaktere, schlechtem Lebenswandel, Krankheit oder weil er eine andere heiraten möchte;

allerdings muss er dann seinem Schwiegervater die Mitgift zurückgeben. Die Scheidung ist ansonsten ebenso einfach und formlos wie die Heirat. Wenn auch die Monogamie seit Homer das Fundament der Gesellschaft bildet, so meinen Monogamie und Ehe doch nicht dasselbe. Der Ehemann ist nicht zur Treue verpflichtet, und viele wohlhabende Bürger unterhalten öffentlich eine Konkubine *(pallaké)*, die sie in ihr Haus einführen. Berühmt ist die Formulierung eines Redners aus dem 4. Jahrhundert v. Chr. »Die Kurtisanen haben wir für unser Vergnügen, die Konkubinen für die alltäglichen Bedürfnisse und die Ehefrauen für eine rechtmäßige Nachkommenschaft und als treue Wächterin daheim!« Eine Konkubine zu sein bedeutet für eine Frau, in einer festen und achtbaren Verbindung zu stehen, und diese zweite, »erwählte« Gattin ist nicht in der schlechtesten Position. Oft ist sie eine freie Frau ausländischer Herkunft, zuweilen auch eine Athenerin, die zu arm ist, um verheiratet zu werden; sie ist ohne Mitgift, wird vom Familienoberhaupt ins Haus aufgenommen und ist finanziell abgesichert. Die Kinder, die sie mit dem Mann zeugt, gelten als Bastarde *(nothoi)*, sie können aber auch als legitime Nachkommen

Unten: Junge Spartanerinnen fordern Knaben zum Kampf heraus, *Edgar Degas (1834–1917). Spärlich bekleidet, reizen die jungen Mädchen die Knaben; der Gesetzgeber, sagt Plutarch, zählt sehr auf den Anblick halbnackter weiblicher Körper, um die Männer zur Heirat zu bewegen.*

Kein Ehebruch in Sparta

In Sparta gibt es eigentlich keinen Ehebruch, denn ein Eheleben existiert kaum. Die Ehe wird durch eine Entführung geschlossen: Der Mann raubt ein junges Mädchen und nimmt es heimlich mit auf sein Nachtlager. Dann wird die Frau seiner Familie übergeben, die sie, bis zur Rückkehr ihres Gatten, bewacht und in völliger Abgeschiedenheit hält. Der Mann schläft bis zum Alter von dreißig Jahren im militärischen Schlafsaal. Eine solche Lebensweise zwingt die jungen Leute, sich zu beherrschen, und die wenige Zeit, die sie zusammen verbringen, steigert ihre Lust; sie kennen, so Plutarch, »weder Sättigung noch das Nachlassen der Gefühle, die Beziehungen ohne Fesseln herbeiführen«.

In Sparta gibt es überdies eine Art von legalem Ehebruch: Ist der Ehemann einverstanden, können Frauen auch sexuelle Erfahrungen mit anderen Männern machen. Eifersucht ist hierbei ausgeschlossen. Der Gesetzgeber Lykurgos, der im 9. Jahrhundert v. Chr. lebte, gestattete alten Ehemännern, für ihre junge Frau einen edlen, von ihnen geschätzten jungen Mann zu finden, »um sich mit ihr zu vereinigen und ein Kind edlen Blutes zu haben, das er als sein eigenes betrachten kann«. Besser noch: Ein verdienstvoller Mann, der eine sittsame, aber verheiratete Frau verehrt, kann deren Gatten bitten, sie ihm auszuleihen, damit er »säen« kann wie auf einem fruchtbaren Boden. Trotz der vom Gesetzgeber angestrebten Segregation beginnen sich ab dem 4. Jahrhundert v. Chr. die spartanischen Sitten zu lockern, und das Privatleben nimmt einen wichtigeren Platz ein.

anerkannt werden, wenn die Gattin unfruchtbar ist. Bezeichnenderweise bezieht sich das Recht, den beim Ehebruch auf frischer Tat ertappten Liebhaber der Frau umzubringen, auch auf den Liebhaber der Konkubine. Was die Kurtisanen oder Hetären anbelangt, die meist ausländischer Herkunft sind, so verkaufen sie ihre Reize an reiche Männer, die damit ihre Macht und Männlichkeit bekräftigen. Diese Frauen leben nicht in der Welt des *gynecôn,* sondern nehmen am Leben der Männer mit seinen Gastmahlen und seinen Festen teil, und sie besitzen ein eigenes Haus. Sie sind hübsch, gebildet, geschmückt, geschminkt und parfümiert, spielen Flöte und können tanzen: Ihre Rolle ist, den rechtschaffenen Bürgern Vergnügen zu bereiten – eine Art von sexueller Dienstleistung, durch die sie sich einen sozialen Aufstieg erhoffen. Einige von ihnen werden im Alter Kupplerinnen. Andere, wie die schlaue Neera, machen Karriere und kaufen sich frei. Sie machen sich selbstständig, finden einen Freund oder sogar einen Ehemann.

Unten: *Griechische Vase, 4. Jh. v. Chr. Eine Frau unterhält sich mit einem Epheben (wehrfähiger junger Mann). Sie ist in ein* Himation *gehüllt. Dieses schmucklose, rechteckige Umschlagtuch tragen auch Männer.*

Die Bestrafung der Schande

Trotz des Sittenverfalls und der gesellschaftlichen Veränderungen bleibt der Ehebruch ein streng sanktioniertes Vergehen. Ein Mann ist nur ein Ehebrecher, wenn er die Gattin eines Atheners verführt – in Bezug auf eine Sklavin gilt dergleichen nicht. Ist der Ehebruch einer Frau rechtlich festgestellt, muss der betrogene Ehemann sie sofort verstoßen, sonst droht ihm der Verlust seiner bürgerlichen Ehrenrechte. Nachsicht und Schwäche würden ihn zum Mittäter, ja sogar zum Kuppler machen, und durch sein schlechtes Beispiel würde er die Stadt in den Schmutz ziehen und den Zusammenhalt der Familien gefährden. Nicht alle Ehemänner sind so zielstrebig wie Euphiletos, und in der Regel überlassen sie es den Gerichten, die Angelegenheit zu bereinigen. Der Athener hat sich nicht als Privatmann zu rächen: Die Stadt mit all ihren Mitgliedern ist betroffen und sorgt in einer öffentlichen Ehebruchsklage *(graphé moicheias)* für die Einhaltung der Ordnung. Diebstahl dagegen kann in den Bereich des privaten Rechts fallen. Wird der Verführer während der Flucht gefasst, wird er sofort den Polizeibeamten übergeben, die beauftragt sind, Verbrecher zu verhaften. Dieser Festnahme *(apagôgé)* folgt, ohne einen anderen Beweis als die in flagranti entdeckte Tat, die Vollstreckung des Urteils. Lysias' *Verteidigungsrede für den Mord an Eratosthenes* übermittelt leider nicht das Urteil, aber sehr wahrscheinlich wurde Euphiletos freigesprochen.

Im Prinzip kann keine Nachsicht die Strafe derjenigen mildern, die sich einer solchen Schande schuldig gemacht haben. Dennoch fehlt es nicht an Beispielen für eine Einigung zwischen den Parteien. Das Geld, das Euphiletos stolz ablehnte, nehmen andere an, doch bleibt eine solche Abmachung zumeist geheim. Zudem ist sie

für den Ehemann riskant, denn der Verführer kann immer behaupten, er habe geglaubt, es mit einer freien Frau oder einer Prostituierten und nicht mit einer rechtmäßigen Ehefrau zu tun gehabt zu haben, und dann seinerseits den Ehemann wegen unerlaubter Erpressung verklagen! Die schöne Neera hat sich oft der List bedient, ihre Gunst naiven Fremden zu schenken, die dann von einem vorgeblichen Ehemann überrascht und erpresst wurden ...

Sobald der Ehebruch bekannt ist, tobt die Öffentlichkeit, ohne einen Rechtsspruch abzuwarten. Die Frau, die ihr Ansehen verloren hat, genießt dann keinen Schutz mehr, und in archaischer Zeit entschied die Steinigung rasch über ihr Schicksal. Später wird die Strafe symbolisch ausgeführt: Wie räudige Tiere werden die Schuldigen von der Bevölkerung mit Steinen beworfen und aus der Stadt gejagt. Das Gesetz versucht, Gewalttätigkeiten zu begrenzen, und hält sich an demütigende und ausgrenzende Praktiken. Bei Aristophanes tritt ein Verführer auf, der zur Strafe enthaart wurde: Damit einer Frau ähnlich, das heißt, einem unter-

Phädra und Hippolytos: Der verbotene Inzest

Jede Gesellschaft stellt Vergehen und Strafen in eine spezifische Rangfolge: In Griechenland ist der Inzest zwischen Eltern und Kindern oberstes Verbot, weil er die Generationsgrenzen verwischt, die Trennlinie zwischen menschlicher Ordnung und tierischer Unordnung unkenntlich macht und alle familiären Bezüge beseitigt. Nach Sophokles hat sich Euripides dieses Themas in *Der bekränzte Hippolytos* angenommen: Phädra, die Gemahlin des Theseus, plagt ein geheimnisvolles Leiden; sie hat sich in Hippolytos verliebt, den jungen Sohn aus einer früheren Ehe des Theseus. Der Stiefsohn weist die inzestuöse Liebe entsetzt zurück. Voller Scham und Verzweiflung bringt sich Phädra um, hinterlässt ihrem Gatten aber einen Brief, in dem sie Hippolytos beschuldigt, er habe ihre Tugend verletzen wollen. Dieser wird von Theseus davongejagt und von einem Meeresungeheuer getötet. In der Tragödie Racines ist Phädra nicht mehr das Opfer der Götter, sondern eine Frau, die sich ihrer Schwäche bewusst ist und sich dafür verantwortlich fühlt; eine Leidenschaft, die ihre Vernunft überwältigt, quält sie, und ihre Schuld erdrückt sie. Die Tragödie ist ein Spiegel der religiösen Debatten der damaligen Zeit über die Gnade, die Freiheit und die göttliche Vorherbestimmung, das Problem bleibt jedoch: Ist Phädra Gebieterin oder Opfer ihres Begehrens?

legenen, passiven, der Begierde anderer ausgelieferten Objekt, hat er seine Würde und seine bürgerlichen Ehrenrechte verloren. Die der Schande überführte und von ihrem Mann verstoßene Ehebrecherin ist fortan von allen öffentlichen Kulthandlungen und aus allen ehrbaren Häusern ausgeschlossen. Die Solonischen Gesetze verbieten ihr, sich elegant zu schmücken und zu frisieren. Sie ist von allen verlassen, und ihr bleibt nichts als die Prostitution. Übertritt sie den ihr aufgezwungenen erniedrigenden Status und nimmt an einer öffentlichen Zeremonie teil, wird sie zum Objekt heftiger Angriffe: Solon erlaubt jedem Bürger, sie zu schlagen und ihre Kleider zu zerreißen; hingegen ist es verboten, sie mit einem scharfen Gegenstand zu verletzen oder zu töten, da ihre Strafe ja gerade darin besteht, als Verworfene weiterleben zu müssen.

Seit Solon hat sich im alten Griechenland das Verhalten in Liebesdingen im Laufe der Jahrhunderte langsam verändert. Die gegenseitige Gefühlsbindung ist in der Ehe nicht mehr ausgeschlossen, wie uns die *Lysistrate* des Aristophanes bezeugt. Die Strenge des Gesetzes hat Ehebrüche allerdings nicht verhindert, und der Mann genießt weiterhin eine größere Nachsicht als die Frau. Denn ein anständiger Mann erfüllt seine Bürgerpflicht, und eine anständige Frau ist eine gehorsame, keusche und treue Gattin.

Links: *Griechische Statuette aus Tanagra. Die griechische Kunst entblößt selten den weiblichen Körper. Der verheirateten Frau gebührt Respekt, und sie schenkt nur ein verhaltenes Lächeln.*

Rechts: Lysistrata, *Aubrey Beardsley (1872–1898). Ihr frecher Blick lässt den Beginn der weiblichen Emanzipation erahnen, von dem das Stück des Aristophanes erzählt: Die Frauen verweigern sich ihren Männern so lange, bis diese den Krieg beenden!*

Die Klagen der Phädra

Als mich der Liebe Pfeil durchbohrt,
erwog ich,
Wie ich sie meistern könnt, und ich begann
Damit, mein Siechtum zu verheimlichen.
(...)
Sodann war ich bestrebt, des Herzens
Torheit
Durch Treu und Pflichtgefühl zu
überwinden.
Endlich, als ich auch so die Liebe nicht
Bemeistern konnt, entschloss ich mich zu
sterben.
(...)
Auch war ich mir bewusst, dass ich ein
Weib bin
Und solche Leidenschaft und Tat
Verachtung
Und Hass erregt. Fluch sei der ersten Frau,
Die einst gewagt, ihr Ehebett zu schänden
Mit fremdem Mann. Vornehme Häuser
machten
Mit dieser Pest der Frauenwelt den
Anfang.
Wenn Hochgeborenen Schimpfliches beliebt,
Hält's bald für schön auch das gemeine
Volk.
Auch jene hass ich, welche keusch sich
stellen
Und im Geheimen doch das Ärgste wagen.
Wie finden nur Sie, Meeresherrin Kypris,
Den Mut, ins Auge dem Gemahl zu sehn,
Und bangen nicht, die Ihnen half, die
Nacht,
Ja selbst des Hauses Wände möchten
reden?
Euripides, *Hippolytos,* V. 395–418

Rechts: Phädras Anklage gegen Hippolyt,
Pierre Narcisse Guérin, 1802.

Römisches Recht

Die lex iulia *bestraft den Ehebruch*

Bei den Römern wird der Ehebruch Gegenstand des bürgerlichen Rechts und sollte es auch bleiben. Jedes Individuum wird in ein rechtliches Maschenwerk eingepasst, das durch seinen Status – freier Bürger oder Freigelassener, Junggeselle, Verheirateter oder Witwer, Vater, Sohn, Matrone, Tochter aus gutem Hause, »ehrlose Frau« – bestimmt ist und seine Lebensweise, ja selbst seine Gefühle prägt. Die Ehe, Fundament der gesellschaftlichen Stabilität, besitzt rechtliche Konsequenzen, und Ehebruch ist ein unverzeihliches Verbrechen gegen die Familie. Dieses von Augustus geschaffene und von den christlichen Kaisern überarbeitete Recht gilt, mit einigen Veränderungen, in Frankreich bis zur Revolution 1789.

Rechts: Tarquin et Lucrèce *(Tarquinius und Lucretia), Felice Ficherelli (1605–1660). Verletzter Stolz oder Scham über die empfundene Lust? Die Darstellung spielt mit der Zweideutigkeit.*

Die vergewaltigte Lucretia begeht Selbstmord

Die Heirat eines freien Mannes und einer frei geborenen Frau ist vor allem ein Geschäft zwischen zwei Familien. Sie ist eine private Bindung ohne schriftliche und offizielle Eintragung, und ihr Ziel ist, einem Geschlecht, der *gens,* legitime Erben zu bringen und der Bürgerschaft zu erhalten. Sklaven sind wie in Griechenland keine Rechtspersonen und dürfen nicht heiraten. Im alten Rom wird die Eheschließung vom Oberhaupt der Familie, dem *pater familias,* streng kontrolliert, und das private Fest findet in einem feierlichen Rahmen statt. Mehr und mehr genügt aber für eine rechtmäßige Eheschließung *(justae nuptae)* ein öffentlich bestätigtes einjähriges Zusammenleben und ein einfaches, im Beisein von Zeugen gegebenes Einverständnis der Brautleute. Das neue, aus der Vormundschaft des Familienoberhauptes befreite Verhältnis besitzt auch ohne äußere Form Vertragscharakter.

Wie immer die Modalitäten der Verbindung sein mögen – wechselt die Verheiratete in die Gewalt des Oberhauptes der Familie, der ihr Ehemann angehört, oder behält sie ihren persönlichen rechtlichen Status bei, indem sie weiter ihrer Ursprungsfamilie untersteht –, in jedem Fall schuldet die Frau ihrem Mann Treue. Über sie und die Sicherheit des Heimes wacht die Schamhaftigkeit; Monogamie ist das erhaltende Prinzip. Die von Titus Livius überlieferte Sage von Lucretia erhellt die Geschichte der römischen Ehe: Die junge Frau wird vom Sohn ihres Gemahls Tarquinius vergewaltigt. Obwohl der Gatte ihr verzeiht, tötet sie sich, um nicht das eheliche Bett zu beschmutzen. Denn die körperliche Schuld der Frau fügt der Reinheit des Blutes einen irreparablen Schaden zu, indem sie die Beziehungen der Männer zu den Ahnen und Göttern entzweit. Schon den Gesetzen des Romulus zufolge,

Rechts: Römer der Verfallszeit, *Thomas Couture (1815–1879). Durch ihre militärischen Eroberungen zu Reichtum gekommen, haben die römischen Generäle Sklaven ins Haus geholt. Die Gattinnen, die nun von den häuslichen Arbeiten befreit sind, emanzipieren sich; sie schminken sich und verhalten sich zuweilen wie Kurtisanen.*

den ältesten Gesetzen Roms, die alle die *potestas,* die Macht des Familienvaters, zum Gegenstand haben, kann ein Ehemann seine Frau wegen der Vergiftung eines Kindes, der Unterschlagung von Schlüsseln sowie wegen Ehebruchs verstoßen: Der erste Vorwurf trifft dann zu, wenn die Frau gegen den Willen des Mannes abgetrieben hat, der zweite, wenn sie sich der Schlüssel zum Weinkeller bemächtigt, sich betrunken und die Kontrolle über sich verloren hat. Im dritten Fall handelt es sich um eine unverzeihliche Befleckung, bei der das Schicksal der Schuldigen ganz in der Hand des Ehemannes liegt. Die Überlieferung erzählt von exemplarischen Strafen, bei denen die Gattin umgebracht und der Geliebte entweder auch getötet oder ausgepeitscht oder verstümmelt wurde.

Wie in allen alten Gesellschaften gibt es auch im antiken Rom keine Gleichheit zwischen Mann und Frau: Der Ehemann ist keinerlei Zwang unterworfen. Neben der rechtmäßigen Gattin kann er in seinem Haus eine oder mehrere Konkubinen unterhalten, mit ihr oder ihnen Söhne haben und diese adoptieren, er kann eine Sklavin in sein Bett holen, zu Kurtisanen, Prostituierten, Schauspielerinnen, Tänzerinnen oder auch zu den Frauen gehen, die ihre Ehre wegen eines Ehebruchs verloren haben. Der junge Römer kann sich dabei halbwegs orientieren, denn den ehrlosen Frauen ist es verboten, das strenge Gewand der Matronen, die *stola,* zu tragen. Begehrt er aber eine rechtmäßig verheiratete Frau, setzt er sich dem Verbrechen des Ehebruchs aus. Diese einfachen Regeln spitzen sich im realen Leben zu. Ab dem 1. Jahrhundert v. Chr. tragen Ehefrauen und Prostituierte weitgehend die gleichen ausgefallenen Kleider. Die in der Zeit der Republik zunehmenden Scheidungen und Verstoßungen finden ebenso formlos statt wie die Eheschließungen: Schriftliche Vereinbarungen werden nicht getroffen, sondern nur ein paar Zeugen hinzugezogen, die die Trennung bestätigen. Handelt es sich um mächtige und reiche Familien, trennen sich die Ehemänner von ihrer Frau oder Konkubine, ohne sie ausdrücklich zu verstoßen, damit sie die Mitgift behalten können.

Unten: Tarquin et Lucrèce *(Tarquinius und Lucretia), Jan Massys (1509–1575). Der Ehemann der römischen Antike kann seine Frau jederzeit verstoßen.*

»Zwischen Mann und Frau

gibt es keine Gleichheit: Dem Prinzip folgend, dass sein Fehlverhalten keinen Schaden verursacht, ist der Ehemann keinerlei Zwang unterworfen.«

Oben und links: *Eingeweihte Frauen, Villa dei Misteri in Pompeji, um 70 n. Chr. Die Riten der östlichen Religionen erkennen den eingeweihten Frauen einen besonderen Raum zu. Ein Kind liest ihnen die kultischen Regeln vor. Männern ist es verboten, während der Zeremonien einzutreten. Eines Tages verkleidet sich Clodius als Frau und wagt es, bei Cäsars Gattin Pompeja, in die er sich verliebt hat, einzudringen; trotz ihrer Unschuld wird Pompeja mit der Begründung verstoßen, dass auf die Gattin des Cäsar kein Verdacht fallen dürfe.*

Oben: *Römisches Fresko, 1. Jh. v. Chr. Die Braut wird für die Hochzeit vorbereitet und erhält den Zuspruch einer Göttin. Sie trägt einen weiten Mantel, und ihre Stirn ist mit einem Schleier* (flammeum) *bedeckt. Eine Frau schickt sich an, sie zu parfümieren, während der Gott Hymen ihr Bett beschützt.*

Die *lex iulia*

Als Kaiser Augustus im Jahre 18 oder 17 v. Chr. die *lex iulia* über den Ehebruch erlässt, herrscht in Rom große Sittenlosigkeit. Viele Bürger leben mit einer Sklavin zusammen, die sie freigelassen haben; zahlreiche Kinder entstehen aus diesen Verbindungen, während die Gattinnen nicht mehr gebären. Ehelosigkeit und Kurtisanen üben einen großen Reiz auf die jungen Männer aus, und durch Geburtenrückgang in den oberen Gesellschaftsklassen, durch die verbreitete Adoption von unehelichen Kindern und die Freilassung von Sklavinnen geraten die Grundfesten des Staates in Gefahr. Männer lösen willkürlich ihre Ehe auf, schicken ihre Gattin zurück zum Vater und verheiraten sich erneut, um eine größere Mitgift zu erhalten. Sulla heiratet fünfmal. Pompejus lässt sich zweimal scheiden. Cäsar verstößt die zu Unrecht beschuldigte Pompeja. Oktavian, der spätere Augustus, schickt seine Frau Skribonia fort, als sie gerade die kleine Julia zur Welt gebracht hat, um die siebzehnjährige Livia Drusilla zu ehelichen, die

selbst schon verheiratet und schwanger ist. Cicero verlässt seine jähzornige Frau nach dreißig Jahren.

Bei Unverträglichkeit der Charaktere können auch die Gattinnen die Initiative zur Scheidung ergreifen. Berichtet wird, dass einige Frauen von höchstem gesellschaftlichem Rang die Jahre nach der Anzahl ihrer Ehemänner zählen: »(...) so gibt's acht Ehegatten in fünf Herbsten«, spottet Juvenal über eine fröhliche Geschiedene! Die Trennungen im gegenseitigen Einvernehmen sind zahllos. Zwei Freunde können sogar zeitweilig ihre Gattinnen tauschen, wenn eine von ihnen unfruchtbar ist. Wo endet die Ehe, wo beginnt der Ehebruch? Die Grenzen sind im 1. Jahrhundert v. Chr., in dem es keine Heiratsurkunden gibt und die Moral sehr locker ist, schwer zu ziehen.

In dieser Situation versucht Augustus, die Würde der Ehe wiederherzustellen und den Geburtenrückgang zu stoppen. Ehe und Kinder gehören zu den Bürgerpflichten. Der Staat ist an der Unversehrtheit der Familien interessiert und will die

Rechts: *Fresko aus der Casa del Centenario in Pompeji. Der Mann kann von einer Sklavin oder Dienerin erotische Dienste verlangen. Die Frau hat ihr Oberteil anbehalten (nur gefallene Mädchen entkleiden sich gänzlich). Das Fresko ist dazu bestimmt, die nachlassende Libido zu erregen, und ziert ein abgelegenes Zimmer des Hauses.*

Unten: Die Entführung des Ganymed, *Correggio (um 1489–1534). Ganymed ist der Liebling Jupiters. In der Antike ist die Liebe zwischen Männern offiziell anerkannt.*

»Befleckung des Blutes« infolge illegitimer körperlicher Beziehungen bestrafen. In der *lex iulia de adulteris* (benannt nach dem Geschlecht des Augustus, den Juliern) wird der Ehebruch erstmalig als kriminelles Vergehen festgeschrieben, das vor einem Tribunal verurteilt und mit Verbannung bestraft wird. Aber auch dieses Gesetz wird nicht in gleicher Weise auf beide Geschlechter angewandt: Eine Frau ist des Ehebruchs schuldig, wenn sie in sexueller Beziehung zu einem anderen Mann als ihrem Gatten steht, während ein Mann nur dann Ehebruch begeht, wenn die von ihm verführte Frau verheiratet ist. Im ersten Fall wird die Frau als Ehefrau gerichtlich verfolgt, im zweiten der Mann als Mittäter. Der betrogene Ehemann muss seine Frau innerhalb von sechzig Tagen nach Entdeckung des Ehebruchs vor Gericht stellen, zur Selbstjustiz ist er nicht berechtigt. Anschließend strengt er gerichtliche Schritte gegen den Liebhaber an. Beschuldigt der Ehemann seine Frau des Ehebruchs, so muss er nachweisen, dass er sie sofort, nachdem ihm ihr Vergehen bekannt geworden war, verstoßen hat; er macht sich sonst der Kuppelei strafbar. Der öffentliche Charakter des Vergehens wird durch die Tatsache unterstrichen, dass nicht nur dem Vater und dem Ehemann das Recht zuerkannt ist, eine Frau gerichtlich zu belangen, sondern auch jedem beliebigen Dritten.

Die Ehefrau dagegen kann ihren ehebrecherischen Mann nicht anklagen, da er dem Gesetz zufolge nicht gegen die Ehe verstoßen hat. In bestimmten Fällen

Schändliche Julia

Die Gesetze des Augustus haben die großen Familien im Visier, deren Zügellosigkeit die Stabilität des Regimes gefährden. Nun kommt aber ein schlechtes Beispiel geradewegs aus der Familie des Kaisers selbst, in der ernsthafte Nachfolgeprobleme Intrigen und Leidenschaften hervorrufen. Augustus hat nur eine einzige Tochter, die schöne und gebildete Julia. Obwohl die Herrschaft nicht vererbt wird, will er sie Julia sichern, indem er sie mit einem Mann verheiratet, den er zu seinem Erben bestimmt. Seine Wahl fällt auf Marcellus, den Sohn seiner Schwester. Julia heiratet ihn im Jahre 25 v. Chr. Im Sommer erholt sich die kaiserliche Familie in einer ihrer Villen an der Bucht von Neapel. Bälle und flüchtige Liebschaften sind die Zerstreuungen der Jeunesse dorée, in deren Kreisen die sinnenfreudige Julia den Ton angibt. Aber im Sommer 23 v. Chr. stirbt Marcellus. Die Witwe ist 18 Jahre alt. Agrippa, den Augustus als zweiten Ehemann durchsetzt, stirbt ebenfalls. Nun hat die junge Frau zahlreiche Liebhaber. Als ihr dritter Gatte, Tiberius, Rom verlässt, gibt sie sich dem Vergnügen und dunklen politischen Machenschaften hin. Die römische Öffentlichkeit erzählt sich so manche Anekdote über ihre Schandtaten und Provokationen: »In der Umarmung eines unbekannten Liebhabers nahm sie sich das Recht heraus, alles auszuprobieren«, berichtet Seneca. Vor allem wird über eine Orgie gesprochen, bei der sich Julia zusammen mit ihren Freunden auf dem Forum und sogar auf jener Rednertribüne, auf der ihr Vater das berühmte Gesetz über den Ehebruch verkündet hat, in wilden Tänzen und Saufgelagen ergeht. Augustus ist erzürnt; das Fehlverhalten seiner Tochter und die Drohung einer politischen Verschwörung rufen nach einer exemplarischen Strafe. Gemäß der von ihm selbst verabschiedeten *lex iulia* verbannt der Kaiser Julia auf die kleine verlassene Insel Pandataria, wo sie 16 Jahre lang leben wird.

Links: Not at Home, *Sir Lawrence Alma-Tadena (1836–1912). Rom hat seine Bordelle, und die Eskapaden der Männer beunruhigen die Gesellschaft weniger als eine zerstörerische Leidenschaft.*

jedoch hat ihr Vater die Möglichkeit, an Stelle seiner Tochter vor Gericht zu treten, dann nämlich, wenn die andere Frau verheiratet ist und ihr Gatte versäumt hat, Anklage zu erheben. Der Gattin kann in diesem Fall die Scheidung gewährt werden, und sie erhält ihre Mitgift zurück. Ist sie geschieden, hat sie alle Freiheit, sich wieder zu verheiraten. Die *lex iulia* sieht ein Scheidungsverfahren mit Zeugen und Scheidebrief *(libellus repudii)* vor. Hat ein solches nicht stattgefunden, kann eine neue Verbindung als Ehebruch angesehen werden, es sei denn, der neue Gatte hat nichts von den Anordnungen des ersten Ehemannes gewusst und kann nachweisen, in gutem Glauben gehandelt zu haben. Eine des Ehebruchs überführte Frau gehört der Kategorie der Prostituierten an, sie trägt deren Kleidung und verliert jedes Recht auf Schutz. Es ist ihr verboten, vor einem Gericht als Zeugin aufzutreten sowie zu erben.

Treue: eine moralische Pflicht?

Haben die Reformen des Augustus die Sitten verändert? Das ist nicht sehr wahrscheinlich. Unter Tiberius lassen sich die Matronen auf die Liste der Prostituierten setzen und verkaufen ihre Körper. Messalina, die »kaiserliche Hure«, wie Juvenal sie nennt, versteckt ihr schwarzes Haar unter einer blonden Perücke, verlässt nachts den Palatin, schleicht »ins Buhlhaus (...), des lumpige Decke noch warm war«, und prostituiert sich. Unter Septimius Severus harren zweitausend Prozesse wegen Ehebruchs einer Entscheidung; Cassius Dio zufolge werden zahlreiche Verurteilungen ausgesprochen. Tatsächlich ist es schwer, sich ein klares Bild von der Wirklichkeit zu machen, denn mangels Dokumenten wissen wir allenfalls etwas über die höheren Gesellschaftsschichten, in denen Luxus und Zügellosigkeit herrschen.

Anhand von einigen philosophischen Texten ist lediglich festzustellen, dass sich im Laufe des 1. Jahrhunderts n. Chr. ein neues Zärtlichkeits- und Tugendideal mit der Ehe verbindet. Paul Veyne weist nach, dass der zunehmende Einfluss des Stoizismus mit einer Moralisierung des Privatlebens zusammentrifft. Die Ehepaare sind sich ihrer gegenseitigen Verpflichtungen bewusst – vorausgesetzt, die Frau gehorcht! –, und der Ehebruch des Mannes wird zuweilen als ebenso schwerwiegend betrachtet wie der der Frau. Die bürgerliche Norm macht die Treue zur moralischen, zunehmend verinnerlichten Pflicht. Der griechische Philosoph Epiktet betrachtet Ehebruch als Diebstahl. Andere Strömungen führen in die gleiche Richtung: Nach Plutarch (um 45–125 n. Chr.) gründet eine gute Ehe vor allem auf Freundschaft. Enthaltsamkeit, Keuschheit, Askese zeichnen sich als neue Werte ab. Auch der Aufstieg des Christentums im Abendland trägt dazu bei, das eheliche Leben zu moralisieren, doch machen sich die Auswirkungen der christlichen Lehre nur allmählich bemerkbar: Die ersten Christen in Rom werden verfolgt und vertrieben und haben keinen Einfluss auf ihre Zeitgenossen. Die Konversion Kaiser Konstantins des Großen, der im 4. Jahrhundert das Christentum zur Staatsreligion erhebt, verändert nicht die Institution der Ehe, da die bürgerlichen Gesetze der Kirchenlehre noch nicht Rechnung tragen. In dem Maße jedoch, wie die Ehe einen religiösen Charakter erhält, wird ihre Verletzung zum Sakrileg. Ehebruch ist derart gravierend, dass er zu den Kapitalverbrechen zählt, für die keine Amnestie möglich ist. Im Gegenzug wird Dritten das Recht auf Strafverfolgung genommen, um die Privatheit der Familie zu schützen. Das Vergehen des Mittäters wird immer noch nicht in gleicher Weise bestraft. Erst Theodosius II. wird diesen Punkt ändern (erste Hälfte des 5. Jahrhunderts). Seit der Gesetzgebung von Kaiser Justinian wird die Todesstrafe für die schuldige Frau durch Auspeitschen und Gefangenschaft in einem Kloster ersetzt. Justinian wollte sogar ein besonderes Haus für Ehebrecherinnen bauen lassen *(metanea)*, um zu verhindern, dass die Klöster zum Asyl für unzüchtige Frauen werden.

Etymologie

Im Lateinischen heißt Ehebruch *adulterium*. Daher kommt das französische *adultère* und das englische *adultery*. Ursprünglich bedeutet *adulterium* Veränderung, Fälschung, Entstellung (lat. *alter:* anders). Das Blut der Familie wird beschmutzt, d. h. verändert, gefälscht. Eine seit dem Mittelalter beliebte Fantasieetymologie leitet *adulterium* von *ad alterum* (zum anderen gehen) ab.

Rechts: *Galloromanisches Kunstwerk, genannt »die Liebenden von Bordeaux«. Die Gallier waren weniger schamhaft als die Römer. Deshalb verdanken wir bestimmt ihnen dieses nackte, sich umarmende Paar.*

Der Ehebruch der Götter

Der griechische Schriftsteller Lucian aus dem 2. Jahrhundert n. Chr. hat eine amüsante Satire über die lockeren Sitten im Olymp verfasst. Jupiter und Juno schimpfen wie die Rohrspatzen: Juno beklagt sich, ihr Gatte habe nicht nur zahllose Geliebte, sondern betrüge sie nun auch noch mit dem kleinen Epheben Ganymed, den er von der Erde entführt hat. Aber Jupiter kümmert sich nicht um das Geschrei seiner zänkischen Ehefrau, »mit deiner Eifersucht (wird) meine Liebe (…) nur noch gesteigert«. Juno rächt sich und behauptet, der schöne Ixion verschlinge sie mit den Augen, trinke aus ihrer Schale und mache ihr Komplimente. Jetzt wird Jupiter wütend: »Welch ein infamer Kerl! Mich selbst anzutasten, und an der empfindlichsten Seite! Ist's möglich, dass ihn der Nektar bis zu diesem Grad trunken machen konnte?« Die *Göttergespräche* zeigen die zwielichtige Welt der Kurtisanen sowie die Macht des Eros. Wenn selbst die Götter nicht ihre Begierden beherrschen können, wie soll dies dann den armen Menschen gelingen? »Denn Amor ist ein gewalttätiger Tyrann, der nicht nur über die Menschen, sondern zuweilen über uns Götter selbst den Meister spielt.«

Links: Io empfängt den Kuss Jupiters, *Correggio (um 1489–1534). Die Verzückung der verliebten Frau: Götter und Sterbliche empfinden die gleichen Leidenschaften.*

Rechts: Solitude, *Frederick Leighton (1830–1896). Auch in Rom gibt es »gute« Ehefrauen, die ihren Männern ins Exil folgen oder ihren Tod beweinen und es ablehnen, sich wieder zu verheiraten. Manche gehen in der heldenhaften Haltung, ihrem Gatten folgen zu wollen, bis zum Selbstmord.*

Die Bibel

Der schwere Sieg der Monogamie

Rechts: Die Ehebrecherin, *Émile Signol (1804–1892). Sündig und reumütig: die Ehebrecherin versteckt ihr Gesicht in den Händen, während das aufgelöste Haar und die entblößte Schulter an ihre Sinnlichkeit erinnern.*

Fabiola, eine römische Adelige, die am Ende des 4. Jahrhunderts zum Christentum übergetreten ist, hat sich in den Augen der Kirche des Ehebruchs schuldig gemacht: Diese rechtschaffene Frau war mit einem Heiden verheiratet, der, wie die ganze Nachbarschaft erklärte, ein ausschweifendes Leben führte. Sie trennte sich rechtmäßig von diesem Mann und fühlte sich daraufhin berechtigt, zum zweiten Mal zu heiraten. Aber Fabiola übertritt die von den meisten christlichen Theologen gepredigte Vorschrift, wonach die Ehe unauflösbar sei, selbst dann, wenn der Ehemann die schlimmsten Verbrechen begangen hat. Die Kirche erlegt Fabiola daher eine öffentliche Bußstrafe auf: Vor der ganzen Gemeinde lässt sich die edle Dame reumütig Asche aufs Haupt streuen und in das Bußkleid hüllen. Als sie stirbt, hält der heilige Hieronymus eine Totenrede auf diese wahre Christin, die dem Gesetz Gottes mehr gehorcht habe als den Regeln der Menschen.

Trotzdem dauert es noch zehn Jahrhunderte, bis die Kirche ihre Werte durchsetzt. Zwar wird generell die Ehe mehr und mehr als eine gegenseitige und Treue beinhaltende Verpflichtung betrachtet, doch ist es vor allem die in der Kontinuität des jüdischen Gesetzes stehende christliche Botschaft, die der neuen Praxis der monogamen und unauflösbaren Ehe allmählich zum Sieg verhilft.

Das jüdische Gesetz

Eines der Zehn Gebote, die Moses von Gott für sein Volk empfängt, besagt: »Du sollst nicht die Ehe brechen!« (Exodus 20, 14) Das biblische Gesetz verbietet die sexuelle Beziehung zwischen einem Mann, ob verheiratet oder nicht, und einer verheirateten Frau, denn sie verletzt das Besitzrecht, das der Mann über seine Frau ebenso wie über seine Diener und seine Herden hat, und befleckt das Gesetz. Die Schuldigen werden gesteinigt: »Ein Mann, der mit der Frau seines Nächsten die Ehe bricht, wird mit dem Tod bestraft, der Ehebrecher samt der Ehebrecherin.« (Levitikus 20, 10–18) Die Untreue des Ehemannes wird nicht bestraft, wenn die Mittäterin unverheiratet ist.

Abgesehen von bestimmten Verboten (Ehebruch, Inzest und blutsverwandte Beziehungen, Kalender der »erlaubten und verbotenen Tage«) zeigen das Alte Testament und die talmudischen Quellen Freizügigkeit und Toleranz in Bezug auf die Sexualität; diese formt den Menschen und trägt nicht das Gewicht der Sünde. Das

Oben: Jésus et l'Église *(Jesus und die Kirche), Jan Mes, 1590. Das Hohelied wurde als ein Lied der Liebe zwischen Gott und Israel interpretiert, aber jahrhundertelang galt es als Vorbild erotischer Dichtung.*

Paar, Vorbild für geistige und körperliche Harmonie, ist eine Vorgabe der Schöpfung, geschaffen nach dem Willen Gottes und gesegnet mit zahlreichen Nachkommen. Die Bibel verwendet die Metapher der Ehe, um das Bündnis zwischen Jahwe und seinem Volk zu preisen. Das Hohelied, die Hymne auf die sinnliche und mystische eheliche Liebe, ist eines der schönsten Lieder der Menschheit – und auch eines der erotischsten.

Zwar werden in der Bibel die Ehe und die Familie vorrangig gepriesen, doch werden damit nicht alle anderen Formen des Liebeslebens ausgeschlossen. Kein Gesetz fordert die Treue des Mannes, und die flatterhafte Sinnlichkeit verlangt nach Abwechslung. Nach einer Tradition aus dem frühen Mesopotamien ist es dem Ehemann erlaubt, mit Prostituierten und Konkubinen zu verkehren. Der *Kodex Hammurapi* (um 1750 v. Chr.) erlaubt einem Mann, eine zweite Frau zu nehmen, wenn seine Ehefrau von einer Krankheit befallen ist. Und hat er keine Kinder, ist ihm gestattet, eine Konkubine zu nehmen. Bei den Hebräern ist die einmalige und monogame Ehe zwar biblisches Ideal, doch sind Isaak und Rebekka das einzige Paar des Alten Testaments, das dieses Ideal auch erfüllt. Nach Sara und Hagar nimmt Abraham eine dritte Frau, die ihm Söhne schenkt. Im Talmud ist häufig der Fall erwähnt, dass ein Mann mit mehreren Frauen die Ehe eingeht, sofern er reich genug ist! Die Mischna gewährt Königen 18 Konkubinen. Hat Salomo nicht auch siebenhundert Frauen und dreihundert Konkubinen? (vgl. 1. Könige 11, 3) Gewöhnlich aber lebt die jüdische Bevölkerung in monogamen Verbindungen. Überdies wird ab dem 10. Jahrhundert die Polygamie zunehmend abgeschafft, und im 13. Jahrhundert wird sie auf der Rabbinersynode von Worms offiziell untersagt. Das Verbot gilt zwar für die Juden in Deutschland, es wird aber in ganz Europa übernommen – die Juden in den islamischen Ländern allerdings dürfen zur gleichen Zeit legal noch vier Ehefrauen haben.

Die Verstoßung kann eheliche Enttäuschungen beenden: Sie wird von der Bibel wie vom Talmud erlaubt. Das jüdische Gesetz zwingt den Mann nicht, allen Schwierigkeiten zum Trotz seine Gattin zu behalten. Im Prinzip kann nur er die

»Die Verstoßung kann eheliche Enttäuschungen beenden: Sie wird von der Bibel wie vom Talmud erlaubt.«

Initiative zur Scheidung ergreifen: Er teilt seiner Frau offiziell mit, dass er sie gegen Rückerstattung ihrer Mitgift aus seinem Haus verweist. So verstößt der persische König Ahasverus seine Frau Vasthi, um die junge Jüdin Esther zu heiraten, und diese Ehe wird als Vorbild von Heiligkeit dargestellt! Das Deuteronomium jedoch hat dieses Recht eingeschränkt; manchen Exegeten zufolge darf der Ehemann seine Frau nur verstoßen, wenn er nachweist, dass sie sich der sexuellen Unsittlichkeit schuldig gemacht hat; andere meinen, dass viel nichtigere Gründe, wie etwa das Anbrennenlassen einer Speise, genügen. Die Mischna erlaubt auch der Frau, die Scheidung zu verlangen, vorausgesetzt, sie kann gute Gründe anführen. Das Eherecht des Moses Maimonides ist noch liberaler und gestattet der Frau, bei Unverträglichkeit der Charaktere die Trennung zu fordern. Wenn sie erklärt, ihren Gatten nicht zu lieben, bedarf es keiner weiteren Gründe, und der Ehemann ist gezwungen, sie freizugeben.

Unten: Isaak und Rebekka oder Die Judenbraut, *Rembrandt (1606–1669). Für das Judentum ist die Sexualität das Leben stiftende Prinzip der Familie. Der Ehemann hat nicht nur die Pflicht zur Fortpflanzung, sondern soll seine Gattin auch »erfreuen« (Deuteronomium 24, 15).*

Gottesurteil

Der Priester führt die Frau hinein und stellt sie vor den Herrn. Er nimmt heiliges Wasser in einem Tongefäß; dann nimmt er etwas Staub vom Fußboden der Wohnstätte und streut ihn in das Wasser. Dann stellt der Priester die Frau vor den Herrn, löst ihr Haar und legt ihr das Ermittlungsopfer, das heißt das Eifersuchtsopfer, in die Hände; der Priester aber hält das bittere, fluchbringende Wasser in der Hand. Dann beschwört der Priester die Frau und sagt zu ihr: Wenn kein Mann mit dir geschlafen hat, wenn du deinem Mann nicht untreu gewesen, also nicht unrein geworden bist, dann wird sich deine Unschuld durch dieses bittere, fluchbringende Wasser erweisen. Wenn du aber deinem Mann untreu gewesen, wenn du unrein geworden bist und wenn ein anderer als dein eigener Mann mit dir geschlafen hat – und nun soll der Priester die Frau mit einem Fluch beschwören –, dann wird der Herr dich zum sprichwörtlichen Beispiel für einen Fluch und Schwur in deinem Volk machen. Der Herr wird deine Hüften einfallen und deinen Bauch anschwellen lassen. Dieses fluchbringende Wasser wird in deine Eingeweide eindringen, sodass dein Bauch anschwillt und deine Hüften einfallen. Darauf soll die Frau antworten: Amen, amen.

Numeri 5, 16–22

Rechts: Die Ehebrecherin kniet vor Christus, *Nicolas Poussin (1594–1665). Die Ehebrecherin erwartet die Steinigung. Aber Christus vergibt ihr, weil sie bereut: Möge derjenige, der nie gesündigt hat, den ersten Stein werfen!*

Die strenge Verurteilung der ehebrecherischen Frau ist eine gesellschaftliche Konstante. In der Bibel kann der Ehemann, der seine Gattin verdächtigt, sie einer rituellen Prüfung durch »das bittere, fluchbringende Wasser« (Numeri 5, 11–31) unterziehen. Der Talmud widmet ein ganzes Buch (Sota) den möglichen Vergehen der Ehefrau, welche sie zum Gegenstand einer Inquisition sowie erniedrigender Verfahren machen. Die Hinrichtung einer schuldigen Frau ist zwar untersagt, doch ist der Ehemann verpflichtet, sie zu verstoßen. Die Mischna verbietet einem Mann, eine verstoßene und des Ehebruchs verdächtigte Frau zu heiraten. Dennoch werden in der Bibel wie auch im Talmud die Leidenschaften und die Intensität des männlichen Begehrens berücksichtigt. David selbst begehrt Bathseba und tötet ihren Ehemann, und trotz seines Vergehens bleibt er ein Vorbild an Glauben und Religiosität.

Oben: Das Quellwunder Moses, *Justus van Gent, 15. Jh. »Du sollst nicht nach der Frau deines Nächsten verlangen (…)«. Das jüdische Gesetz erlaubt unter bestimmten Bedingungen die Verstoßung und gestattet dem Ehemann, eine Konkubine zu haben, wenn seine Frau unfruchtbar ist.*

Vorhergehende Doppelseite: Esther et Assuérus *(Esther und Assuérus), Filippino Lippi (1457–1504). Der persische König heiratet die Jüdin Esther, nachdem er seine erste Frau verstoßen hat. Durch ihre Schönheit und ihre Sanftmut erlangt sie Gnade für ihr Volk.*

Die Botschaft Jesu und die ersten Christen

Mit einigen wichtigen Texten des Evangeliums, in denen das Verstoßungsrecht bei Unzucht (vgl. Matthäus 1, 19) und die Strafe der Steinigung (vgl. Johannes 8, 15) erwähnt werden, steht die Botschaft Jesu ganz in der Kontinuität des Alten Testaments. Jesus dehnt auf den Mann aus, was zuvor allein für die Frau galt: Beide werden der gleichen Pflicht zur Treue unterworfen. Der Gottessohn warnt vor der brennenden Kraft des Begehrens, die bereits ehebrecherisch ist: »Ihr habt gehört, dass gesagt worden ist: *Du sollst nicht die Ehe brechen!*« (Matthäus 5, 27) Das gedankliche Vergehen ist ebenso schwerwiegend wie die Handlung selbst. Doch Jesus zeigt sich den Sündern gegenüber nachsichtig. Er verzeiht der ehebrecherischen Frau, rät ihr, nicht mehr zu sündigen, und die Pharisäer verzichten auf ihre Steinigung.

Andererseits bekräftigt Jesus, dass die Ehe beständig und monogam zu sein habe. Die rechtliche Scheidung sei nur ein Zugeständnis an die Härte der Männer: »Nur weil ihr so hartherzig seid, hat Mose euch erlaubt, eure Frauen aus der Ehe zu entlassen. Am Anfang war das nicht so. Ich sage euch: Wer seine Frau entlässt, obwohl kein Fall von Unzucht vorliegt, und eine andere heiratet, der begeht Ehebruch.« (Matthäus 19, 8–9) Der Mann und die Frau sind durch die Ehe »ein Fleisch«; sowohl der Ehemann, der seine Frau wegschickt, um wieder zu heiraten, als auch derjenige, der eine verstoßene Frau heiratet, begehen Ehebruch. (Markus 10, 11–12) »Was aber Gott verbunden hat, das darf der Mensch nicht trennen.« (Matthäus 19, 6)

Die Verantwortlichen der jungen Christengemeinden im Römischen Reich haben die schwierige Aufgabe, moralische Regeln festzulegen, für deren Befolgung zu sorgen und einen Kompromiss mit den zivilen Gesetzen zu finden. Sehr bald erscheint die Sexualität als Feind des inneren Fortschritts und als Quelle der Unordnung. Die Triebe des Körpers gegen den Geist und die Vernunft: unter dem Einfluss der gängigen Dualismen der griechischen und morgenländischen Philosophie verstärkt sich der Argwohn gegenüber dem »Fleisch«, das als das Schlechte per se gilt. Gott hat das Paar gesegnet, aber manche Kirchenlehrer machen geltend, dass der körperliche Akt nach dem Sündenfall vollzogen worden war, außerhalb des Paradieses und erst nach der Verfluchung (Genesis 4); obschon rechtmäßig vereinigt, seien die Eheleute während des sexuellen Verkehrs der Begierde unterworfen. Nun habe aber Gott die Menschen geschaffen, damit sie die gefallenen Engel ersetzen, und die Auserwählten sind zur Reinheit aufgerufen, um in ein Paradies der Jungfräulichkeit und Unschuld zurückzukehren.

Oben: Bathseba, *Ausschnitt, Jan Massys (1509–1575). König David selbst, der von Gott Auserwählte, kann der Schönheit Bathsebas nicht widerstehen. Um seine Missetat zu vollenden, schickt er ihren Ehemann, den General Urias, in den Tod und nimmt dann dessen Frau in Besitz.*

Seit dem heiligen Paulus klassifiziert eine Hierarchie der Heiligkeit und der Verdienste die Menschen in jene, die jungfräulich bleiben, und jene, die dem Fleisch nachgeben und die Ehe eingehen. Viel schwieriger scheint es zu sein, in der Ehe sein Heil zu finden. Daher fliehen Asketen die Welt und gehen in die Wüste, um das bevorstehende Jüngste Gericht zu erwarten. Sexualität wird zunehmend mit Wollust gleichgesetzt, und seit Klemens von Alexandria bis zum heiligen Augustinus wird die Erbsünde mit der Sünde des Fleisches erst in Verbindung und dann zur Deckung gebracht. So festigt sich mit dem Evangelium eine dann über Jahrhunderte gültige Moral, in der die Angst vor der Sexualität die Frauenfeindlichkeit nährt und in der die den Mönchen abverlangte Enthaltsamkeit das christliche Ideal für die Gläubigen darstellt.

Die Ehe zum Zwecke der Fortpflanzung ist das einzig erlaubte Mittel zur Befriedigung der menschlichen Begierde, und der Ehebruch – der doppelte (wenn beide Liebenden verheiratet sind) wie der einfache (wenn nur einer verheiratet ist) – gilt stets als abscheuliches Verbrechen. Der heilige Paulus klassifiziert die Sünden und unterscheidet drei Typen von Fleischessündern, denen das Himmelreich verschlossen bleibt: *fornicarii* (Unzüchtige), *adulteri* (Ehebrecher) und *molles* (Onanisten, Homosexuelle). Die Kirchenväter sind in ihrer Verurteilung einmütig. Die Schuldigen werden exkommuniziert und aus der Gemeinde ausgeschlossen. Es ist ihnen verboten, wieder zu heiraten, und vergeben wird ihnen nur, wenn sie ihr Verbrechen in einer öffentlichen, vom Bischof auferlegten Bußhandlung sühnen.

»*Jesus dehnt auf den Mann aus, was zuvor allein für die Frau galt …*«

Oben: *Auflösung einer Ehe, Miniatur aus dem 13. Jh. Die christliche Ehe ist im Prinzip monogam und unauflösbar. Die Kirche setzt sich zunehmend durch, und in strittigen Eheangelegenheiten entscheidet eher das kanonische Recht als das Zivilrecht. Der Bischof hat die Macht, eine Ehe aufzulösen. Das* Decretum Gratiani *legt fest, in welchen Fällen eine Ehe nichtig ist.*

Lebenslängliche Ehe und Scheidungsverbot

Unnachgiebig in ihren Prinzipien, bleibt die Kirche doch bedachtsam und tolerant gegenüber den Gegebenheiten des Lebens. Noch gestattet sie jungen Männern, ihre sexuellen Triebe durch voreheliche Beziehungen zu befriedigen. Vor allem kann und will sie nicht offen die römischen Gesetze angreifen, die Konkubinat und Verstoßung zulassen. So bemüht sich die kirchliche Seelsorge um eine allmähliche Veränderung der Mentalitäten. Die Lehre selbst ist Gegenstand heftiger Debatten zwischen Verfechtern und Gegnern einer dogmatischen Haltung, wobei die asketische Richtung in der lateinischen Welt schließlich den Sieg davonträgt. Das Prinzip der unauflösbaren, monogamen Ehe führt, ins Extrem getrieben, zuweilen zu abwegigen Schlussfolgerungen: Tertullian verurteilt die Heirat zwischen einem Witwer und einer Witwe als Ehebruch und Bigamie! Zu dem Durcheinander an Definitionen kommt die äußerste Kompliziertheit einiger Situationen hinzu: Was ist etwa mit neu Getauften, die ihre Ehe mit einem Heiden, der sie wegen ihres Glaubens verlassen hat, für nichtig betrachten und einen Christen heiraten wollen? Ist eine solche Heirat erlaubt, oder handelt es sich um Ehebruch? Die Toleranteren berufen sich auf den Brief, in dem der Apostel Paulus erklärt, wenn ein Christ mit einer Heidin verheiratet sei und diese ihn verlasse, sei der Christ »in solchen Fällen nicht wie ein Sklave gebunden« (1. Korinther 7, 15) und könne wieder heiraten. Zwei Jahrhunderte später stimmen die Theologen dem nicht mehr zu.

Das Problem erschwert sich noch zusätzlich durch den Übertritt Kaiser Konstantins I. zum Christentum am Anfang des 4. Jahrhunderts. Das Zivilrecht steht den religiösen Kanones gegenüber. Zwar wird die *lex iulia de adulteris* von niemandem in Frage gestellt, doch wenden die Bischöfe, die mitunter in den Gerichten einen Sitz haben, sie nicht in voller Härte an. Unter Theodosius dem Großen steht auf Ehebruch ebenso wie auf Verwandtenmord die Todesstrafe. Unter Justinian wird die Strafe für die Frau in der Praxis abgemildert; sie wird für zwei Jahre in ein Kloster gesperrt. Danach kann der Ehemann entscheiden, ob er die Gattin wieder aufnimmt oder sie für den Rest ihrer Tage im Kloster lässt. Diese berühmte, von Justinian vorgenommene Änderung der *lex iulia* wird in Frankreich während des Ancien Régime Bedeutung erlangen.

Zivilisten und Kanonisten vertreten in der Frage von Scheidung oder Wiederverheiratung deutlich unterschiedliche Meinungen. Verstoßungen gibt es zunächst weiterhin häufig. Die Kirche verurteilt sie prinzipiell, wagt aber nicht, sich direkt in die bürgerliche Gesellschaft einzumischen. Der Papst beginnt vorsichtig, die kaiserliche Rechtsprechung zu akzeptieren. Im Jahre 406 aber fordert das Konzil von Karthago umgehend ein neues Gesetz, das geschiedenen Eheleuten verbietet, eine zweite Verbindung einzugehen. Papst Innozenz löst zur gleichen Zeit alle Streitigkeiten mit dogmatischer Strenge. Das Konkubinat wirft analoge Probleme auf: Zahlreiche Bürger und vornehme Damen leben in wilder Ehe mit einem oder einer Freigelassenen, weil sie sie nicht rechtmäßig heiraten dürfen. Wer aber getauft werden möchte, den fordern die Bischöfe auf, seine Konkubine wegzuschicken. Aber auch hier ist es von der Theorie zur Praxis ein weiter Weg …

Am Ende des 4. Jahrhunderts erschüttern neue Probleme die Kirche: Die Völkerwanderung aus dem Norden und Osten führt zu einem Anstieg der Gewalt und einer Zunahme des Heidentums. In Gallien und in Okzitanien wurde zwar das Christentum im Jahre 391 Staatsreligion, doch die fränkischen, burgundischen und westgotischen Völker halten an ihren Bräuchen und an ihrem Recht fest. Die Bischöfe müssen ihr Reglement den neuen Situationen anpassen und als Schiedsrichter zwischen Individuum, Familie und politischer Macht eingreifen.

Unten: *Die Ehebrecherin wird der Gerichtsbarkeit gegenübergestellt. Die Strafen sind von Provinz zu Provinz unterschiedlich: Sie kann geschoren, ausgepeitscht, nackt öffentlich zur Schau gestellt oder mit dem Tod bestraft werden. Nach dem kanonischen Recht muss sich der Ehemann von ihr trennen. Wenn er stirbt, hat sie nicht das Recht, ihren Geliebten zu heiraten.*

»Buhlhäuser« und germanisches Recht

Der irische Mönch Columban hat es sich zur Aufgabe gemacht, das merowingische Gallien zu evangelisieren, und er verurteilt König Theoderich II. (587–613), weil er mehrere Konkubinen unterhält und so mancher uneheliche Sohn im »Buhlhaus« gezeugt worden zu sein scheint! Columban weigert sich, die unrechtmäßigen Nachkommen zu segnen. Brunhilde, die Großmutter Theoderichs, versorgt ihren Enkel mit Frauen, aus Furcht, seine Gattin könnte sie in der Gunst des Königs verdrängen. Die merowingischen Herrscher unterscheiden kaum, in welchem Bett ihre Kinder gezeugt werden. Bastarde können ihrem Vater nachfolgen, wenn es keinen rechtmäßigen Sohn gibt, und das Konkubinat ist eine Institution, die ebenso Bündnisse zwischen den

Die Bußbücher

Die Salischen Gesetze der Germanen belegen den Ehebruch mit Geldstrafen: Wer den Rock einer Frau bis über ihre Knie hebt, zahlt sechs Schillinge *(solidi)*; wer sie nackt sieht, zwölf Schillinge; wird der Ehebruch vollzogen, zweihundert Schillinge. Die Franken übernehmen das römische Recht, ersetzen aber die Sanktionen, die bis zur Todesstrafe reichen können. Die Kirche legt dann so genannte Bußbücher vor, von Geistlichen verfasste Sammlungen, die die Priester anleiten sollen, die gebeichteten Vergehen zu beurteilen und die Bußstrafen zu bemessen. Viele dieser Sammlungen stammen aus dem 7. Jahrhundert. Unter den Verbrechen sind die schwerwiegendsten der Inzest und einige Fälle von Ehebruch, die mit sieben bis 15 Jahren Enthaltsamkeit und Exkommunikation oder mit dem fortwährenden Verbot, sich wieder zu verheiraten und sexuelle Beziehungen zu haben, bestraft werden. Die zweite Klasse von Sünden bezieht sich auf Unzucht und einfachen Ehebruch, die mit vier bis fünf Jahren Buße geahndet werden. Auf einige Vergehen steht »Quarantäne«, ein monate- oder wochenlanges Fasten bei Wasser und Brot. Bischof Burchard I. von Worms verfasste zwischen 1008 und 1012 ein berühmtes Bußbuch, das versucht, sowohl die Handlungen als auch die Absichten abzuwägen. Mehr als ein Viertel von 88 Verstößen betrifft sexuelle Sünden. Frage 15 handelt vom Ehebruch: Hat der Mann die Gattin eines anderen genommen? Lebt er mit einer Konkubine? Hat er dem Ehebruch Vorschub geleistet, indem er die Frauen und die Zofen in seinem Haus nicht beaufsichtigt hat? Solche Bußbücher werden ab dem 12. Jahrhundert kaum noch verwendet.

Links: Heiliger Johannes Chrysostomos, predigend, *Joseph Wencker (1848–1919). Die Kirche erlangte bereits in ihren ersten Jahrhunderten eine unbestreitbare Autorität. Der heilige Johannes I. Chrysostomos, der in der Basilika von Konstantinopel predigt, wettert gegen Christen, die ein Unrecht begangen oder sich schlechter Sitten schuldig gemacht haben. Er zögert nicht, vor allen Versammelten den Finger oder den Blick auf den Hofmann, den Grundbesitzer oder, wie hier, auf die Kaiserin Eudoxia zu richten, die für ihren lasterhaften Lebenswandel berüchtigt ist.*

Rechts: *Die Ehebrecher, Ausschnitt aus* Die Hölle, *Taddeo di Bartolo (1362–1422). Den Liebenden droht die ewige Verdammnis. Das Bild soll die Betrachter treffen. Es gelang der Kirche aber nur sehr langsam, die Ehe als Sakrament durchzusetzen und das Konkubinat zu verbieten.*

Sippen wie unerbittliche Kämpfe im Frauengemach herbeiführt. Der heilige Columban muss überstürzt fliehen, um nicht Opfer des königlichen Zorns zu werden; andere Mönche übernehmen sein Amt und versuchen, die unauflösbare Einehe durchzusetzen. Vergebliche Mühe! Der gute König Dagobert I. (um 610–639) lebt mit drei »Königinnen« und zahlreichen Konkubinen. Pippin der Jüngere und seine Nachkommen praktizieren Polygamie, indem sie ständig Verstoßungen vornehmen. Karl der Große heiratet nach Aussage seines Biographen Einhard drei Frauen nacheinander und unterhält mindestens sechs Konkubinen, die ihm eine große Anzahl Kinder schenken. Als sein Sohn Ludwig der Fromme an die Macht kommt, trifft er in der Aachener Pfalz auf eine ganze Schar von Frauen.

Monogamie und Unauflösbarkeit der Ehe wiegen wenig gegenüber den Zwängen der Sippe. Das germanische Recht privilegiert Verwandtschaftsehen, um die Familieninteressen zu stärken; es erlaubt auch, um die Lehen zu vermehren, Ehen zweiter Klasse, das heißt außerhalb der Verwandtschaft. Zwei Arten der Verbindung werden unterschieden: Bei der ersten, der echten Heirat, empfängt der Ehemann während einer öffentlichen und feierlichen Zeremonie vom Vater die Vormundschaft über seine Frau – ein jungfräuliches Mädchen – und gibt im Tausch dafür eine Brautgabe. Bei der anderen, minderwertigeren Heirat gibt es keine Übertragung der Vormundschaft und keine Brautgabe. Die Verstoßung geschieht daher umso müheloser. Und obwohl die Kirche strenge Gesetze erlässt, nach denen Verbindungen zwischen Verwandten als Inzest verurteilt werden, sind solche Delikte sehr häufig, weil sie die Solidarität innerhalb der Verwandtschaft stärken; ein Bußbuch findet dafür zuweilen sogar Entschuldigungen wie etwa die Dunkelheit der Nacht: »Wenn in Abwesenheit deines Weibes und ohne dass du oder sie es merktest, die Schwester deines Weibes zu dir ins Bett stieg und du dich mit ihr vereinigtest, im Glauben, es sei dein Weib (…)«. Weit entfernt ist man noch vom Ideal, das die Geistlichen predigen. Die *Geschichte der Franken* des Gregor von Tours (6. Jahrhundert), in der unterschiedslos die lateinischen Wörter für Ehe und Konkubinat verwendet werden, zeigt das Durcheinander. Dennoch vertritt die Kirche im Laufe der Jahrhunderte eine zunehmend deutliche Lehre: Gültig ist eine Ehe, die durch die freie Zustimmung der Brautleute, mit dem Einverständnis des Vaters (die Entführung der Verlobten ist also ausgeschlossen) sowie in der Gegenwart von Zeugen geschlossen und dann durch den Geschlechtsakt besiegelt wird. Die Zeremonie ist nicht mehr nur privat: Ein Priester segnet das Paar vor der Tür des Hauses oder im Hochzeitszimmer. Während der ersten zehn Jahrhunderte n. Chr. ist dieser Segen allerdings nicht verpflichtend.

Was den Ehebruch betrifft, einfach oder inzestuös, so wird er nach wie vor sowohl durch die zivilen als auch durch die religiösen Gesetze geahndet. Die Konzile von Verberie und Compiègne im 8. Jahrhundert, die unter dem Vorsitz von König Pippin stattfinden und Bischöfe wie Laien versammeln, gestatten die Wiederverheiratung des

Strafen für das ehebrecherische Liebespaar

Juristen und Chronisten haben die Bestrafung von Ehebrechern beschrieben. Tacitus berichtet, dass bei den Germanen der Ehemann mit Hilfe der Nachbarn seine Frau aus dem Haus und unter Peitschenhieben nackt durchs Dorf jagen soll. Das Gesetz der Burgunder schreibt vor, sie im Sumpf zu ertränken. Bei den Franken bekommt sie einen großen Stein an den Hals gebunden und wird in den Fluss geworfen; schwimmt sie auf dem Wasser, ist sie unschuldig. Gregor von Tours erzählt von einem Vater, der aufgefordert wird, »die Tochter unter Eid zu entlasten; sonst muss sie sterben«. Die Sachsen verbrennen die Ehebrecherin und erdrosseln den Geliebten auf ihrer Asche; im England unter König Edmund (10. Jahrhundert) wird der Mann verbannt, und der Frau werden Nase und Ohren abgeschnitten. Vor der Einführung des Christentums werden die Männer in Polen mit den Hoden an einen Haken gehängt, von dem sie sich nur mit einem Rasiermesser, das man ihnen gibt, befreien können.

In einigen Regionen Südfrankreichs ist im Mittelalter die *course* (Lauf, Rennen) eine verbreitete Strafe: Die Täter werden aneinander gebunden und müssen nackt und unter dem Spott der Menge entlang eines Parcours durch die Stadt laufen. Manchmal ersetzt eine öffentliche Auspeitschung die *course*, manchmal findet sie zusätzlich statt. Je nach Region sind die Demütigungen noch mit grausamen, von der Kirche als sittenwidrig verurteilten Details ausgeschmückt. Manchmal kann ein »Vergleich« die Bestrafung ersetzen: Die Schuldigen zahlen eine hohe Geldstrafe und werden aus der Stadt gejagt. In Granada haben sie im 13. Jahrhundert die Wahl, entweder nackt durch das gesamte Lehnsgebiet zu laufen oder hundert Schillinge an den König oder den Pfarrer zu zahlen. Mitunter verzeiht der Ehemann auch, wenn die Schuldige eine öffentliche Reueerklärung abgibt. Vergeben wird der Frau aber nur, wenn sie ein Drittel ihres Vermögens an den Gatten abtritt!

unschuldigen Ehemannes. Erstaunlich ist, dass das am Ende des 8. Jahrhunderts verfasste Bußbuch des heiligen Theodor der verstoßenen Ehefrau das gleiche Recht zubilligt, wenn sie für ihr Vergehen Buße getan hat. Die genannten Praktiken sind vor allem in den germanischen Ländern zugelassen, in Südfrankreich und in Italien werden sie verurteilt; in jedem Fall zeigt sich ihnen gegenüber die Unsicherheit der Bischöfe. Das Konzil von Mainz im Jahre 813 beschließt strenge Maßnahmen gegen die Wiederverheiratung, die sich bald im ganzen karolingischen Europa durchsetzen.

Links: *Anonymes Gemälde aus dem 15. Jh. Jede Frau gilt als Verführerin und Hexe, die mit dem Teufel im Bunde steht.*

Unten: *Miniatur aus dem 13. Jh. Legende oder Wahrheit? Der Keuschheitsgürtel ist Bestandteil der vom kanonischen Recht anerkannten Strafen und Bräuche. Einige Gürtelabbildungen erinnern seltsamerweise an eine Schlange, das Symbol der Sünde …*

Die Kirche und der Adel

Der Zerfall des karolingischen Reiches hat in der ersten Hälfte des 9. Jahrhunderts die Auflösung der weltlichen Macht zur Folge, und die schiedsrichterliche Rolle bei Ehestreitigkeiten fällt mehr und mehr der Kirche zu. Erzbischof Hinkmar von Reims versucht, obwohl er die Zuständigkeit der säkularen Richter anerkennt, deren Macht zu begrenzen und ihnen die christlichen Kanones aufzuzwingen: Die Unauflösbarkeit der Ehe erlaubt keine Ausnahme mehr, und die Kirche allein beschließt die Gültigkeit einer Verbindung. Im 11. Jahrhundert bestätigt die gregorianische Reform endgültig die maßgebliche Rolle des Kirchenrechts. In den anglonormannischen Ländern und im Norden Frankreichs festigen sich die Hochzeitsriten. Die Segnung, der eine Messe folgen kann, wird vom Hochzeitszimmer zum Eingang der Kirche verlegt; der Priester spielt eine zunehmend bedeutende Rolle: Er kontrolliert, ob die Riten befolgt werden; manchmal vertritt er auch den Vater und übergibt das junge Mädchen dem Bräutigam, indem er das Paar auffordert, ihre rechten Hände ineinander zu legen.

Nichtsdestotrotz geht dieses Mit- und Nebeneinander der beiden Mächte, der eines kriegerischen Adels mit seinen Ehebräuchen und -strategien und der einer mit gleichzeitig geistiger und irdischer Herrschaft ausgestatteten Kirche, nicht ohne Schwierigkeiten vonstatten. Warum sollten die Lehnsherren nicht eine unfruchtbare Frau verstoßen oder ihre Cousine heiraten, wenn sie so ihre Nachfolge zum Besseren gestalten oder ihr Lehen vergrößern können? Ein berühmter Konflikt trägt dazu bei, die schiedsrichterliche Macht der Kirche zu erschüttern: die Geschichte der Scheidung Philipps I. (1053–1108). Im Jahre 1072 heiratet der neunzehnjährige Philipp Bertha von Friesland. Sie gebiert ihm einen schwächlichen Sohn, an dessen Regierungstauglichkeit berechtigte Zweifel bestehen. Sei es aus Liebesleidenschaft, aus politischer Strategie, aus Sorge um den Erhalt der Familie oder aus allen Gründen gleichzeitig, Philipp verstößt seine Gattin und sperrt sie in ein Schloss. Dann heiratet er in Paris mit großem Pomp Bertrada von Montfort, die ihrerseits schon mit dem Grafen von Anjou verheiratet ist. Philipp findet ohne

Probleme einen Geistlichen, den Bischof von Senlis, der die Verbindung segnet. Die mütterlicherseits von normannischen Prinzen abstammende Bertrada schenkt dem König zwei Söhne, deren Nachfolge und Ruhm durch die Ehe gesichert sind. In Autun jedoch versammeln sich um den päpstlichen Nuntius 32 Bischöfe, um diese Ehe zu verurteilen und den König zu exkommunizieren.

Im Jahre 1095 wiederholt Papst Urban II. feierlich die Exkommunikation Philipps: Er legt dabei den Akzent bezeichnenderweise nicht auf den Ehebruch oder die Bigamie, die der König begangen hat, indem er sich die Frau eines anderen aneignete und seine legitime Ehefrau verstieß, sondern auf die Verwandtschaftsbeziehungen (Cousin und Cousine) zwischen den neuen Eheleuten: »Der König wurde auf dem Konzil von Clermont wegen dieser Anschuldigung und des Nachweises eines Inzests exkommuniziert.« Bischof Ivo von Chartres warnt den König, diese nicht kanonische Ehe gefährde sein Heil und das Schicksal seiner Nachkommen. Philipp bleibt hartnäckig und lehnt die Einmischung Roms ab. 1096 jedoch erklärt der alternde und besorgte König, dass er bereue. Die schönen Beteuerungen bleiben aber folgenlos: Bertrada verlässt das königliche Gemach nicht, und die Verurteilung wird 1099 erneuert. Endlich, im Jahre 1105, stimmt Philipp I., im Büßergewand und barfüßig, zu, »der Sünde der körperlichen und unerlaubten Verbindung abzuschwören«. Die Eheleute leben weiterhin zusammen, aber der König hat sich offiziell dem Urteil der Kirche gebeugt, und das Geistige hat über das Irdische gesiegt. Philipp und mit ihm seine Barone anerkennen die Autorität der Prälaten und das Primat der christlichen Gesetze.

Das Sakrament der Ehe

Von nun an werden alle ehelichen Fragen von der Kirche allein geregelt. Der sakramentale Charakter der Ehe, dieser Vereinigung zweier Willen mit dem Segen des Priesters und kirchlichem Aufgebot, wird deutlich bekräftigt. Hugo von St. Viktor verknüpft im 12. Jahrhundert die Ehe, die er als eine gegenseitige, auf Zuneigung *(dilectio)* gegründete Einwilligung versteht, mit dem Sakrament der geistigen Liebe zwischen Gott und der Seele; seine Liturgie wird fortan in der Kirche zelebriert. Petrus Lombardus hat in seinen *Sentenzen* die Ehe in die Liste der sieben Sakramente aufgenommen. Kann eine Scheidung auch die Körper trennen, die geistige Verbindung ist unauflösbar. Das Konkubinat gerät nun in Verruf. Die Kinder, die aus einer illegitimen Verbindung hervorgehen, werden zu Bastarden und die uneheliche Geburt zu einer die Abstammungsreihe entstellenden Befleckung erklärt.

Die Wirklichkeit bleibt sicherlich komplizierter: Der elterliche Wille ersetzt die Zustimmung der Kinder; die Ritter machen weiterhin Frauen anderer Männer den Hof; die Liebe entbrennt innerhalb der Familien und begründet heimliche inzestuöse Verhältnisse. Der weibliche Ehebruch – nach wie vor zählt nur dieser! – wird ohne Unterlass beklagt: Vom Kreuzzug zurückkehrende Ritter finden schwangere Gattinnen vor;

diese oder jene Ehefrau wird gesehen, wie sie heimlich mit ihrem Liebhaber spricht; diese oder jene Witwe unterhält mit dem Mann, den sie später heiratet, zuvor eine heimliche Beziehung. Die Gutsherren nutzen den Vorwand des Inzests – eine Verwandtschaft vierten Grades genügt –, um von der Kirche die Annullierung ihrer Ehen zu erreichen.

Im Norden wie im Süden, in Ländern mit Gewohnheits- wie in denen mit geschriebenem Recht bleibt das Konkubinat, obwohl es verboten ist, gängige Praxis. In Spanien ist es unter der Bezeichnung *barragania* gestattet. Im Béarn und im Roussillon gibt es notariell beglaubigte Konkubinen. In Savoyen sind die in wilder Ehe lebenden Paare so häufig, dass man die Sanktionen – Gefängnis für den Mann und Auspeitschung für die Frau – auf das doppelte Strafmaß heraufsetzen muss. Die Satzung von Arles aus dem 13. Jahrhundert verlangt, dass der verheiratete Mann, der eine Kurtisane unterhält, aus der Stadt gejagt wird. Das Los der Bastarde wirft weiterhin gravierende Probleme auf: Als außerhalb einer Sippe Geborene sind sie ohne Rechte, damit nicht erwerbsfähig und auf milde Gaben angewiesen. Der weltliche Arm stützt das kirchliche Urteil. In manchen Regionen des Südens sind seit dem 13. Jahrhundert beide Gerichtsbarkeiten zuständig und stärken sich gegenseitig.

Auch wenn die verbotenen Praktiken nicht auf wundersame Weise verschwinden, so nimmt doch die Lehre von einem christlichen Ehevertrag allmählich Gestalt an.

Oben: Der heilige Augustinus lehrt in Rom, *Benozzo Gozzoli (1420–1498). Der heilige Augustinus, der eine Abhandlung über* Das Gut der Ehe *schrieb, gesteht in seinen* Bekenntnissen*, die Verlockung durch die Frauen sei das letzte Hindernis auf dem Weg zu seiner Bekehrung, und die Versuchungen des Fleisches beraubten ihn seiner Freiheit. In* Das Gut der Ehe *vertritt er die Auffassung, die Ehe sei ein Sakrament und die Lust sündig, wenn sie nicht vom Zeugungswunsch begleitet werde.*

Die höfische Liebe

Eine neue Liebeskunst

»Was also ist die Liebe, wenn nicht ein unbändiger Wunsch, mit Leidenschaft heimliche und verborgene Umarmungen zu kosten?«

Andreas Capellanus

Der *fin'amor* (die reine Liebe) ist zweifellos eher literarische Fiktion als Realität. Aber jede Fiktion spiegelt oder beeinflusst die Wirklichkeit. Die höfischen Dichter erneuern die Gesetze der aristokratischen Liebe. Sie rechtfertigen die außereheliche Liebe, erfinden eine bestimmte Form der Höflichkeit und prägen das Bild der schönen und tugendhaften »Dame«, »weißer als Elfenbein« und würdig, dass man sie verehrt und ihr dient. Möglicherweise wurde der *fin'amor* von der spanisch-maurischen Kultur angeregt, als poetisches Motiv aber entsteht er im 11. Jahrhundert in der provenzalischen Lyrik und am Hofe Wilhelms IX., Herzog von Aquitanien. Im 12. Jahrhundert feiert der *fin'amor* Triumphe und erregt die Gemüter derart, dass die Kirche beunruhigt ist und ihn 1277 verurteilt.

Trotz der Anstrengungen der Kirche, das Sexualleben zu moralisieren, haben die kriegerischen Barone des Mittelalters ihre groben, frauenfeindlichen und ausschweifenden Sitten bewahrt. Durch Vergewaltigungen und andere Gewalttätigkeiten werden die Triebe außerhalb der Ehe befriedigt, zuallermeist innerhalb des engen Schlosslebens, sogar innerhalb der Verwandtschaft. Frauen genießen keinerlei Achtung, sie werden als von Natur aus untreu, minderwertig und von ihrem Geschlecht beherrscht betrachtet – *totae in utero* –; sie gelten als noch lüsterner als die Männer. Die jungen Mädchen werden im väterlichen Bergfried streng bewacht, und so sind die Ehefrauen leichte und willige Beute. Was René Nelli, der Theoretiker der *Érotique des troubadours*, als *adultère interconjugale* (zwischenehelicher Ehebruch) bezeichnet, steht im 11. und 12. Jahrhundert in voller Blüte: Fast alle großen Herren haben verheiratete Frauen von hohem Rang als Geliebte, sodass die *maris-druts* (Ehemänner-Geliebte des Fleisches) sich gegenseitig betrügen und ein Sänger diesen »Austausch« in dem drastischen Satz zusammenfasst: »Ein Ehemann, der den Ar… anderer kratzt, kann sicher sein, dass der seine (der seiner Frau) ebenfalls sündigt.« Auf Konzilen wettern die Priester gegen diese Ausschweifungen und drohen mit Exkommunikation und Bußstrafen. Gleichzeitig bieten sie, um die Liebe zu vergeistigen, den gottesfürchtigen Gläubigen den Kult der Jungfrau Maria an, der unbefleckten Mutter Gottes. Die religiöse Poesie greift diesen Kult auf.

Rechts: Das Verlangen, *Ausschnitt aus* Die sieben Todsünden und die vier letzten Dinge, *Hieronymus Bosch (um 1450–1516). Die Frauen werden streng beaufsichtigt, aber der Kavalier schafft es immer, eine Zofe zu gewinnen, damit er seiner Dame den Hof machen kann.*

Leidenschaft und Liebesfreuden

Der Kampf gegen sexuelle Zügellosigkeit beginnt dort, wo man es nicht erwartet hätte – im Umfeld der Troubadoure, jener Sänger-Dichter und bescheidenen Ritter aus dem niederen Adel und dem Bürgertum, die am Hofe des Gutsherrn verkehren. Dort begegnen sie den Frauen, bewundern diese aus der Ferne, ohne zu wagen, sich ihnen zu nähern, denn die Liebe ist eine Sache des hohen Standes, und die Damen von Rang sind für die Lehnsherren reserviert. Die Sänger preisen eine geläuterte, idealisierte Leidenschaft und geißeln im Gegenzug die ehebrecherischen Paare, die lasterhaften Ritter sowie deren »flatterhafte und treulose« Ehefrauen, die imstande sind, »sich mit hundert Liebhabern zu vertragen«. Die Liebe, nach der die Troubadoure streben, hat nichts mit dieser Sinnenlust zu tun: Sie ist Triebsublimierung, verlangt Beherrschung, Ehre, Treue und Edelmut. Sie fordert keine Nähe, die Beziehung vervollkommnet sich durch Trennung: Der Dichter Jaufré Rudel preist seine »ferne Prinzessin«. Diese Liebe ist nicht für alle erreichbar, eine edle Seele, ein tapferes und reines Herz sind nötig. Der Liebende muss seiner Dame dienen wie der Vasall seinem Lehnsherrn.

Für dieses neue »Rittertum der Liebe« gibt es keinen gesellschaftlichen Stand mehr, keinen großen Herrn und keine große Dame, keinen Bürger und keine Bürgerin, nur eine stolze Herrin und einen tapferen Diener. Die höfische Liebe verwirrt die Hierarchien. Ein Adeliger zögert nicht, eine hübsche Bürgerin zur Dame seines Herzens zu machen: »Da du dank deiner Vorzüge den Bürgerstand zu erhöhen vermochtest, hatte ich allen Grund, dich unter allen Frauen zu erwählen (…).« Dieses leidenschaftliche erotische Gefühl hat seinen Ort außerhalb der

Valentine

Der *valentinage*, ein sehr alter aus dem Norden stammender Volksbrauch, der in Frankreich und Savoyen ab dem 14. Jahrhundert praktiziert wird, erlaubt den Ehefrauen, sich einen *galantin* oder *valentin* zu nehmen und sich vor den Augen ihrer Gatten galanten Spielen hinzugeben. Ein Bewerber, ein Junggeselle, wird ausgelost, und das neue Paar symbolisiert, wie bei den Maifesten in den Ländern des Languedoc, die Erneuerung der Liebeskräfte und die Wiederkehr des Frühlings. Dieser alles andere als unschuldige Brauch, der die Autorität der Ehe verspottete, begünstigte den Ehebruch. Die Kirche versucht im 17. und 18. Jahrhundert, den Brauch abzuschaffen, weil er in den Familien Unfrieden säe. Andernorts, wie in Turin und Florenz, haben die Damen noch im 18. Jahrhundert häufig einen »Pflichtliebhaber«.

Links: De sa dame, lié aux poignets *(Durch seine Angebetete sind ihm die Hände gebunden), Miniatur aus dem 15. Jh. Kein Schutzwall kann die trennen, die sich lieben.*

Rechts: Épître à Othéa *(Epistel an Othea), Christine de Pisan (1365–1430). Die von Jupiter schwangere und von Juno davongejagte Latona beugt sich nieder, um ihren Durst zu stillen. Rüpelhafte Männer verschmutzen das Wasser und werden sofort in Frösche verwandelt. Die Allegorie ist klar: Der gute Ritter darf sie nicht durch schändliches Verhalten beschmutzen. In all ihren Werken rühmt Christine de Pisan die* gentillesse *(Liebenswürdigkeit) der Damen.*

Ehe, jener sicheren Zweckgemeinschaft, die darauf zielt, Erben hervorzubringen, und in der die Eheleute mit Mäßigung ihre eheliche Pflicht zu erfüllen haben. »Wir behaupten als vollkommen feststehend, dass die Liebe zwischen zwei Ehegatten nicht zu ihrem Recht kommt«, so Andreas Capellanus. Während der Ehemann seine Frau ein für allemal besitzt und über sie herrschaftlich verfügt, ist der *fin'amor* ein Wagnis, immer droht die Eifersucht – denn »wer nicht eifersüchtig ist, kann nicht lieben«. Die Leidenschaft ist heftig, plötzlich, ausschließlich und treu, ein Blick erweckt sie, sie wächst durch Hindernisse und glüht im Verborgenen.

Die Dichter besingen diese neue Liebeskunst, Romane berichten über sie, und Andreas Capellanus, ein Kaplan am Hofe des jungen Königs Philipp August, macht sie zum Thema seiner in Latein um 1184/85 verfassten Abhandlung *De amore,* dem »Evangelium der Courtoisie«. Das Traktat richtet sich an die Ritterschaft; Andreas will die wilden jungen Männer unterrichten, zivilisieren und erziehen, indem er sie lehrt, wie man sich den Damen gegenüber verhält. Die Regeln der höfischen Liebe zielen auf die Beherrschung der Triebe und sollen die Spannungen regulieren helfen, die aus einem engen und oft gewalttätigen Zusammenleben entstehen. Der vollkommene Liebhaber gefällt durch seine Diskretion, seinen Gehorsam und seine Verdienste. Er ist loyal; undenkbar ist es für ihn, sich Ausschweifungen hinzugeben oder gleichzeitig zwei Frauen zu lieben, während er in der Gunst einer Dame steht, die an seine Ergebenheit glaubt.

Bis wohin?

Bis wohin kann diese enthaltsame Liebe gehen? Andreas Capellanus sagt es ohne Umschweife: Der Liebhaber wünscht sich »die Umarmungen der anderen«, und »in diesen Umarmungen seien durch einen gemeinsamen Willen alle Gebote der Liebe geachtet«. Körperliche Liebe also. Und dennoch muss diese Liebesleidenschaft ein unbefriedigtes und keusches Verlangen bleiben, bei dem die einzelnen Schritte, wie bei so vielen Triebkräften, kein anderes Ziel haben, als das Begehren lebendig zu halten. Auf der ersten Stufe des Liebesstrebens wird durch Blicke und Worte Hoffnung geweckt. Die zweite Stufe erlaubt einen Kuss, der im Einklang mit dem einem Vasallen auferlegten Ritual der Ehrerbietung steht. Auf der dritten Stufe sind intimere Berührungen gestattet. Auf der vierten endlich gibt es den höchsten Lohn, die Überlassung der Person, aber diese Erfüllung kann unbegrenzt hinausgeschoben werden. Wie auch immer sich die Beziehung von einer Etappe zur nächsten entwickelt, stets gehört zu den Riten auf dem Liebesparcours der *asag*, der Test, mit dem die Dame ihren Ritter auf die Probe stellt.

Der *asag*, die Krönung der Leidenschaft, macht die Besonderheit der höfischen Liebe deutlich: nicht einfache Liebe, sondern schwierige Willensschulung, die von dem Vasallen strengsten Gehorsam verlangt. Die Dame belohnt ihren Diener, indem sie ihn in ihr Gemach einlädt; sie lässt sich umarmen und küssen und zeigt sich ihm nackt oder in leichter Bekleidung, ohne dabei Tugend und Ehre zu verlieren. Arnaut de Mareuil betet dafür, dort zu sein, »wo seine Dame sich entkleidet«. Cercamon fleht zu Gott, »dass er mir gestatte, sie noch einmal zu berühren«, und Arnaut Daniel bittet: »Möge sie mich, mit dem Körper und nicht mit der Seele, heimlich in ihrem Gemach empfangen.« Ein anderer Ritter erklärt sich unverblümter: »Keine edle Dame wäre auf der Welt, zeigte sie mir nicht ihren Körper und ihren Ar…, auf dass ich mein Gesicht und meine Stirn darin versenkte, als wollte ich aus einer Quelle trinken.« All diese Troubadoure verbringen die Nacht zu Füßen ihrer Geliebten, in heißem Begehren, gezwungen, sich zu beherrschen: Das ist das Exerzitium des *asag*.

Rechts: *Miniatur aus einem Manuskript von Christine de Pisan (1365–1430). Der Garten, oft der Obstgarten symbolisiert das Paradies auf Erden. Er ist der bevorzugte Ort der Liebesbegegnung.*

Liebe und Eifersucht

Es ist klar, dass zwischen den Gefühlen aller Art, die Eheleute empfinden, und der Zuneigung, die Liebende vereinen soll, der Unterschied ebenso groß ist wie zwischen der Liebe zwischen Vater und Sohn und der unverbrüchlichsten Freundschaft, die zwei Männer verbindet (…). Sie sehen also deutlich, dass Amor zwischen Gatten seine Rolle nicht spielen kann, vielmehr wollte er mit Entschiedenheit, dass ihnen seine Gunst entzogen wird. Aber es gibt auch einen anderen Grund, der die Liebe zwischen Ehemann und Ehefrau verbietet. Die Eifersucht, die das Wesen selbst dieses Gefühls ist, ohne die es keine wahre Liebe geben kann, ist zwischen ihnen absolut verdammt, und sie müssen sie fliehen wie die Pest, jedoch die Liebenden müssen sie stets empfangen als die Mutter und Amme der Liebe.

Andreas Capellanus, *De amore*, Buch 1

Links: Femme qui se peigne *(Die Frau, die sich kämmt), Miniatur aus dem 15. Jh. Blonde aufgelöste Haare, weißer Busen – die kokette Frau, die sich im Spiegel betrachtet, weiß, dass sie ihren Ehemann bezaubert. Ihre Zofe im Hintergrund verlässt beruhigt das Zimmer.*

Die Dame allein bestimmt die Spielregeln, und ihre Zofen sind nicht weit. Sie schenkt dem Liebhaber ihr Herz. So spricht die Herzogin von Die: »Ich hätte große Lust, Sie anstelle meines Mannes in die Arme zu schließen, vorausgesetzt, Sie versprächen mir zuvor, nur zu tun, was ich möchte.« Der Liebhaber darf nicht weiter gehen, als ihm zugestanden wird: Die höfische Erotik, die im Austausch der Herzen endet, befriedigt die Triebe auf eine imaginäre Weise, ohne der sozialen Ordnung zu schaden. Dem provenzalischen *asag* entsprechend und seine Rituale aufnehmend, schlägt die keltische Tradition den Liebenden vor, Seite an Seite in einem Bett zu schlafen, symbolisch getrennt durch ein Schwert, ein Kind oder ein Lamm.

Erliegen die Liebenden der Versuchung? Die Herzogin von Die beklagt, dass sie mit der Begründung verlassen wurde, nicht ihre ganze Liebe gegeben zu haben. Dennoch fügt sie hinzu: »Welches waren doch meine Verfehlungen im Bette oder bekleidet!« Gewiss, einige Ritter sind zu leidenschaftlich, um sich mit den Versprechungen zufrieden zu geben. Andreas Capellanus ist sich dessen bewusst und unterscheidet die reine, höfische von der einfachen Liebe. Beide Liebesarten enthalten einen körperlichen Genuss. Während aber bei der ersten der vollständige Besitz der Frau ausgeschlossen bleibt, hat die zweite »ihren Endpunkt im Äußersten, im Werke der Venus«. Natürlich zieht der Hofkaplan die reine Liebe vor, weil sie das Feuer nicht erlöschen lässt und der Liebende gezwungen ist, über sich hinauszuwachsen. Nur jene sind der reinen Liebe fähig, die ihr

Fleisch zu bezähmen vermögen und »die Zügel des Pferdes ordentlich halten«.

Und die zweite Art von Liebe? Sicher, sie »beleidigt den König der Götter«, doch setzt sie eine »Tugend zu lieben« voraus. Zudem ist dieser natürliche Trieb, der dem Gesetz des Körpers untersteht, nur eine lässliche Sünde, die durch Buße bereinigt wird.

Andreas aber bleibt Pädagoge und erinnert daran, dass die nicht beherrschte Leidenschaft schlimmere Übel hervorrufen kann: Sie zerbricht die Freundschaft, trübt das Ansehen, erschöpft und zermürbt die Herzen; ganz zu schweigen von den zahllosen unliebsamen Begleiterscheinungen wie Fieber und schlechte Verdauung! Der Katalog der körperlichen Schwächungen, die mit der Vereinigung verknüpft sind, entstammt geradewegs den moralischen Abhandlungen der Epoche. Abschließend verteidigt der Autor die Ehe gegen die zerstörerischen Leidenschaften. Die Gefühlsspiele fasst er, weil sie nicht verboten werden können, nur am Rande zusammen. Andreas' Traktat endet mit einer Litanei über die weiblichen Bosheiten …

Will die Kirche den sakramentalen Wert der Ehe behaupten, so kann sie diese zugleich wollüstige und enthaltsame Erotik nicht dulden. Am 7. März 1277 verurteilt der Bischof von Paris *De amore* und weitere Abhandlungen über die reine Liebe als gefährliche naturalistische Irrlehre. Das Fleisch ist außerhalb der Ehe immer sündig, und keine Vernunft, keine Liebestugend, keine Vergeistigung ist in der Lage, die Triebe zu läutern.

Oben: *Miniatur aus dem 15. Jh. Hier ist es der Ritter, der die Dame besucht. Die Zofe bewacht die beiden.*

Betrüge, wer kann!

Zur gleichen Zeit, als Chrétien de Troyes im höfischen Roman die Ideologie des *fin'amor* in außergewöhnlichen Abenteuern gestaltet, bemüht sich die Literatur der Fabliaux, dieselben Ideale zu degradieren und ihre Scheinheiligkeit anzuprangern. Die Abenteuer des zwischen 1165 und 1205 entstandenen *Roman de Renart* (zu deutsch: *Roman vom Fuchs*) ahmen die Liebesspiele der Ritter nach: Renart, der Fuchs, begeht Ehebruch mit der Wölfin Hersent, der Gattin Ysengrins. Über die Angelegenheit wird am Hofe des königlichen Löwen Nobel entschieden. Hersent spricht, als sie ihren Richtern gegenübertritt, dieselben zweideutigen Schwüre wie die blonde Isolde, die Heldin des Tristanromans. Und Renart fügt seinen Verbrechen eine weitere Missetat hinzu: die Dame Fière (frz. *fier, fière*: stolz), die Löwin, reicht ihm wie einem Ritter ihren Ring, und er vergewaltigt sie!

Die Fabliaux, altfranzösische Verserzählungen des 12. und 13. Jahrhunderts, setzen das Liebesdreieck breit und realistisch in Szene. »Betrüge, wer kann …«, dies gilt ebenso für die ausgehandelte Zweckehe, in der jeder den anderen zu betrügen sucht, wie für das Liebespaar, das den Ehemann hintergeht. Der Liebhaber genießt munter die Annehmlichkeiten des Heimes, ein wohltuendes Bad oder eine gute Mahlzeit. Der Ehemann rächt sich: Blind vor Wut, verprügelt er seine Frau und jagt sie davon. Manchmal ist er auch subtiler und bedient sich einer List, um die Schuldigen zu strafen. Aber der betrogene Gatte bleibt der Betrogene und verwindet kaum, dass er gehörnt wurde. Zahlreiche Fabliaux zeichnen auch das Porträt der durch den Ehebruch erblühten Frau. Das Liebesbündnis ist von Lust und Zärtlichkeit geprägt, in ihm zeigt sich der Triumph der natürlichen Liebe, der von Jean de Meung im *Rosenroman* gefeiert wird.

Die höfische Liebe, ihre Ästhetik, ihre Sprache und ein Teil ihrer Moral überleben trotz der kirchlichen Verurteilungen. Über Jahrhunderte und sich dabei wandelnd, beeinflussen sie die empfindsame Literatur: Der 1508 in Spanien veröffentlichte und dann in Frankreich übersetzte Roman *Amadís de Gaula* feierte in allen Kreisen den Erfolg eines Bestsellers und wurde von der Kirche heftig bekämpft. Hier kommt es vor der Ehe zur körperlichen Vereinigung, und die nichteheliche Liebe findet zwischen »vollkommenen Freunden« ihre Rechtmäßigkeit. Marguerite de Navarres *Heptameron*, das die Wechselfälle des ehelichen Lebens eingehend betrachtet, zeigt eine Heldin, die einem jungen Herrn die unterschiedlichsten, des *fin'amor* würdigen Prüfungen und Versuchungen auferlegt, um sich seines Gehorsams zu

Oben: *Miniatur zur Illustration von* Der Rosenroman, *Jean de Meung, 1275–1280. »Sind sie am Werke, sei jeder eifrig und geschickt genug, damit die Lust gemeinsam, und nicht getrennt, komme, dass der eine auf den andern warte, um zusammen den Hafen anzulaufen.« Der Text ist zugleich eindeutig und feinsinnig, die Aussage erstaunlich modern.*

vergewissern: Der Regel folgend, dass, je fester und entschiedener die Liebe, desto anhaltender und glücklicher die Lust, fordert sie ihn auf, keusch an ihrer Seite zu schlafen! Aber ein Epochenwechsel bringt auch eine Veränderung der Sitten: Die Zuhörer, die die Novelle im *Heptameron* kommentieren, halten den gehorsamen Liebhaber einfach nur für dumm, verrückt oder mit *frigidis maleficiis* geschlagen … Die höfische Attitüde mit ihrer Verehrung und ihrer Rhetorik ist allenfalls noch ein Spiel ohne Bezug zur Realität und eine Art von Kultur des Trostes im erbarmungslosen Krieg der Geschlechter. Was den von den Fabliaux in Szene gesetzten Ehebruch angeht, so hat er bis zu den Boulevardkomödien noch schöne Zeiten vor sich.

Links: Tristan und Isolde, *nach dem Werk von Richard Wagner, 1869.*

Die Liebe der Liebe: Tristan und Lanzelot

Der Ehebruch steht im Zentrum des höfischen Romans. Die Autoren dieser an den Höfen erzählten Werke preisen die Tugenden der Ritter. Ob mit Zaubertrank oder nicht, die Liebe erwacht fast zwangsläufig innerhalb der Verwandtschaft auf dem Schloss des Lehnsherrn: Lanzelot liebt Guinevere, die Frau seines Herrn, König Artus. Tristan liebt die blonde Isolde, die Gattin des Königs Marke, seines Onkels. Beide Frauen wollen die Heldentaten des tapfersten Ritters des Königreiches belohnen. Die Welt des Artus- und des Tristanromans schert sich nicht um die Moral der Geistlichen. Chrétien de Troyes respektiert gleichwohl den sozialen und den moralischen Kodex: In *Cligès* warnt Königin Guinevere die Liebenden vor den Gefahren der Leidenschaft: »Bringt Torheit nicht in euer Liebessehnen; vereinigt euch in aller Ehre und durch Heirat.«

Die Liebenden von Cornwall setzen den unlösbaren Konflikt zwischen Liebe und Gesetz in Szene: Die einen sprechen vom Mythos der vollkommenen, die anderen vom Mythos der unmöglichen Liebe. Denis de Rougemont zufolge *(Die Liebe und das Abendland)* faszinierte die Legende von Tristan das Abendland deshalb, weil sie von der Faszination der Leidenschaft und gleichzeitig von deren Zusammenhang mit dem Tod erzählt. Der Zaubertrank gibt dieser Leidenschaft ihren ausschließlichen, unkontrollierbaren Charakter. Die Liebenden werden zuerst von König Marke und dann von einem Astrologie betreibenden Zwerg (Fassung von Béroul) überrascht. Sie werden festgenommen und zum Tod auf dem Scheiterhaufen verurteilt. Tristan gelingt es, zu fliehen und die junge Frau vor einer Bande von lüsternen Aussätzigen zu retten, denen sie sich hingeben soll. Das Paar lebt versteckt im Wald. Eines Tages werden sie von König Marke entdeckt, schlafend, aber in einem Zustand vollkommener Keuschheit. Marke ist bereit, seine Gattin wieder aufzunehmen, nachdem er sie vor Gericht gestellt hat. Mit einem zweideutigen Schwur überzeugt Isolde die Richter von ihrer Unschuld. Aber die Liebenden sind getrennt, und Tristan heiratet eine ungeliebte Frau, die sich an ihm rächen wird …

Die Gerichtsmaschinerie im Ancien Régime

Auf frischer Tat ertappt

Rechts: Paolo Malatesta und Francesca da Rimini, *Jean Auguste Dominique Ingres (1780–1867). Taub und blind gegenüber der Außenwelt, bemerken die Liebenden den nahenden Ehemann nicht. Der berühmte und grausame Gianciotto Malatesta, der selbst ein lasterhaftes Leben führt, tötet seine untreue Gattin sofort. Dante Alighieri, der die Geschichte erzählt, schickt den Mörder in die Hölle.*

Den Ehebruch im Ancien Régime quantifizieren zu wollen erscheint unmöglich. Er ist ein privates, heimliches Delikt und gehört zum Geheimnis der Alkoven und Beichtstühle. Die Gerichtsakten und Bittgesuche um Straferlass, die *lettres de rémission,* erwähnen nur selten Ehebrüche, wohingegen massenweise von sexuellen Beleidigungen, Gewalttätigkeiten und Tötungen die Rede ist. Diese Verschwiegenheit erklärt sich durch die Scham, die der Ehebruch verursacht: Obwohl dem betrogenen Ehemann rechtlich zusteht, seine Frau gerichtlich zu belangen, verzichtet er aus Angst, sich lächerlich zu machen, zumeist darauf. Eine Frau, die Opfer sexueller Gewalt wurde, schweigt lieber aus Schamhaftigkeit oder Sorge um ihren Ruf. Das Geheimnis soll dem Spott der Nachbarn nicht preisgegeben werden, und das Unglück des Gehörnten erzeugt wohl auch mehr Lachen als Mitgefühl. Ein Brauch im Mittelalter verlangt, dass der Mann, der seine Frau des Ehebruchs bezichtigt, mit dem Gesicht zum Schwanz auf einem Esel reitet … Aus einer Zeit, in der nicht sehr sorgfältig Gemeinderegister geführt werden, existieren keine genauen Informationen über illegitime Geburten und außereheliche Sexualität. Die Akten unterscheiden eine freie nicht von einer rechtmäßigen Verbindung, eine heimliche Ehe nicht von einem einfachen Verhältnis. Die Zahlen variieren je nach Region oder Land: So scheint es im England des 16. bis 18. Jahrhunderts mehr illegitime Kinder zu geben als in Frankreich – um die vier Prozent –, aber die Differenz lässt sich auch durch eine unterschiedliche Methode der Geburtenerhebung erklären. Man kann daher allenfalls allgemeine, manchmal konvergierende Tendenzen feststellen, wie etwa den Zusammenhang zwischen einem deutlichen Rückgang unehelicher Geburten und dem Sieg des Puritanismus in England während der zweiten Hälfte des 17. Jahrhunderts (P. Laslett).

Auch wenn sich das Modell der Treue und Stabilität fordernden christlichen Familie zu Ende des Mittelalters allgemein durchsetzt, so gibt es doch Konkubinatsverhältnisse bis ins 18. Jahrhundert hinein. Die Ehemänner meiden, um die Überlastung durch eine zu große Familie zu verhindern, ihre Frauen und erleichtern sich bei der Dienerin. Die Begriffe des Rechts bleiben zudem lange Zeit unpräzise: Die Gerichtsakten des 15. und 16. Jahrhunderts benutzen »Konkubine« als Bezeichnung für Mätresse – ein Ausdruck, der in seiner jüngeren Bedeutung noch nicht existiert. In Frankreich sind im 16. Jahrhundert fünfzig Prozent der illegitimen Kinder die Frucht eines Konkubinats. Unter den zahlreichen Beispielen findet sich auch das des Gilles de Gouberville aus der Normandie: Mit seinem Halbbruder und zwei Halbschwestern, Bastarde seines Vaters, lebt er in einem kleinen Familienschloss.

Oben: Das Dekameron, *Giovanni Boccaccio, 1348–1353. In den Erzählungen und Fabliaux haben die Mönche eine seltsame Art, den Damen das* Vaterunser *beizubringen. Bruder Rinaldo macht den Ehemann bei dessen unerwarteter Heimkehr glauben, er habe die Würmer seines Kindes besprochen.*

Selbst ledig, hat er jedoch mehrere uneheliche Töchter, die er mit Söhnen adeliger Familien aus der Region verheiratet. Ende des 16. Jahrhunderts siegt die Gegenreformation in Italien und in Frankreich, und die Kirche kämpft für die Durchsetzung der christlichen Ehe, indem sie den Ehemann unter Androhung der Exkommunikation auffordert, seine Konkubine aus dem Haus zu entfernen. In England wird zwischen 1541 und 1571 das Buch des Schweizer Reformators Heinrich Bullinger über die Ehe, in dem die außereheliche Sexualität scharf verurteilt wird, neunmal übersetzt. Katholische wie protestantische Prediger prangern außereheliche Verhältnisse an.

Ein Opfer, der Ehemann – eine Schuldige, die Ehefrau

Giovanni Boccaccios Heldin Griseldis ist demütig, geduldig, schweigsam und liebreizend. Sie liefert das Modell der Frau, die mit einer frauenfeindlichen, an ihren Bedürfnissen und Ansprüchen wenig interessierten Welt konfrontiert ist und von ihren Eltern gegen ihren Willen verheiratet wird – nicht selten mit einem Greis: ein unerschöpfliches Thema für Possen und Komödien. Der Ehemann erhält die Unterweisung, seine oberste Pflicht sei Autorität, und Autorität reimt sich auf Brutalität. Einige liberale Moralisten wie Jean Bodin fordern, der Ehemann solle seine Frau nicht so heftig wie Tiere schlagen! Die Kirche predigt Unterwerfung. Sie ist zum Teil für harsche Herabwürdigung des schwachen, der Teufeleien verdächtigten Geschlechts verantwortlich. Nur der Tod kann unglückliche Ehen beenden, allein bei Nicht-Vollzug der Ehe oder Impotenz des Gatten werden Ausnahmen gemacht. Die Wiederverheiratung wird zwar rechtlich toleriert, doch die Bevölkerung prangert sie unverzüglich an.

In gewisser Weise beginnt die sexuelle Freiheit mit der Ehe, unter diesem Deckmantel, der alles verbirgt. Während die jungen Mädchen streng bewacht werden, bleiben sie als Ehefrauen zwar unmündig, dürfen aber immerhin das Haus verlassen. Und ist der Ehemann auf Geschäftsreise oder im Krieg, so kümmern sie sich um das Heim, den Hof und das Geschäft. Obwohl ihnen die Moralisten in Erziehungstraktaten empfehlen, so wenig wie möglich aus dem Haus zu gehen und Tänze und abendliche Veranstaltungen zu meiden, gibt es doch ausreichend Gelegenheiten zu Begegnungen: Die Straße, die Kirche, ein Prozessions- oder Pilgerpfad, das Haus einer Freundin, ein Garten, der Marktplatz, dies alles sind Orte, an denen sich die Liebe auf den ersten Blick zu entzünden vermag und verliebte Blicke wie galante Worte getauscht werden. Hélisienne de Crenne gesteht in ihren *Angoysses douloureuses qui procèdent d'amour* (Quälende Ängste, die der Liebe entspringen) von 1538, dass sie die Fensterläden zur Straße geöffnet habe, dem Blick eines Mannes begegnet sei und sich unsterblich in ihn verliebt habe. Den Geliebten trifft sie dann in der Kirche und tauscht Briefe mit ihm. Mag ihr Ehemann sie auch beschuldigen, sie werfe »liederliche und schamlose Blicke« und sei »von der Glut der Lust erhitzt«, sie kann sich der Leidenschaft nicht erwehren – ganz so wie ihre ältere Schwester Fiammetta, die unglückliche Heldin Boccaccios. Die potenziellen Liebhaber sind zahlreich, im Leben wie in den Romanen: der Arzt oder der Apotheker, der Ritter auf der Durchreise, ein Nachbar oder sogar der Geistliche. Sie stammen aus allen sozialen Klassen. Der verliebten Frau gelingt es, die Wachsamkeit ihres Gatten oder den Blick der Nachbarin zu täuschen, aber sie muss sich vor dem Gerede hüten, denn die Klatschweiber vom Waschplatz haben eine spitze Zunge.

Unten: *Stich aus dem 16. Jh. Charivari in Sevilla. Unter dem Gespött der Leute wurden dem alten Ehemann Hörner aufgesetzt, und seine Frau wurde mit Honig eingerieben, um die Bienen anzulocken.*

Gehörnt

Früh hat das Vokabular die Schmach des betrogenen Ehemannes festgeschrieben. In der Antike sind Hörner das Symbol für Rohheit und Geilheit. Im 12. Jahrhundert bezeichnen sie häufig Verräter und Verleumder und so auch zunächst den Liebhaber, der einen *chapeau à cornes* (Hut mit »Hörnern«, d. h., einen Zweispitz oder Dreispitz) trägt. Dann geht das Symbol auf das Opfer über, den gehörnten Ehemann *(mari cornu),* den allzu gutmütigen Gatten, der zum Objekt des Spottes wird, und bezeichnet bald nur noch diesen. Alle Troubadoure sprechen von dem *cornu,* dem Gehörnten. Der gleichbedeutende französische Ausdruck *cocu* ist ebenfalls alt. Gilles Ménage und Antoine Furetière zufolge kommt er von *cuculus,* dem Kuckuck, der seine Eier in das Nest anderer Vögel legt und dessen spöttischer Ruf den betrogenen Ehemann alarmiert. Das deutsche »Hahnrei« für den betrogenen Ehemann kommt aus dem Mittelhochdeutschen. Es bezeichnet ursprünglich den Ehemann, der seinen ehelichen Pflichten nicht nachkommt oder nachkommen kann. Früher war es Sitte, dem verschnittenen, kastrierten Hahn, um ihn von den anderen Hähnen unterscheiden zu können, die abgeschnittenen Sporen in den Kamm einzusetzen, wo sie anwuchsen und wie Hörner aussahen. Daher der Ausdruck »Hörner aufsetzen«. Möglicherweise lässt sich die zweite Silbe von »Hahnrei« auf »Reh« zurückführen.

Oben: *Ausschnitte aus Stichen, die Romane illustrieren. Der Ehebruch als unauslöschliches Zeichen der Niedertracht für die Frau und den Liebhaber.*

Rechts: Der Garten der Lüste, *Hieronymus Bosch (um 1450–1516). Rasende und unstillbare Wollust …*

Der lüsterne Pierre Brantôme erzählt von den Tricks und Strategien, die die Ehefrauen anwenden, um sich nicht nur einer erdrückenden Vormundschaft zu entziehen, sondern auch eine Empfängnis zu verhindern. Er berichtet von der verbreiteten Verhütungsmethode, sich dem Liebhaber nur bei bestehender Schwangerschaft hinzugeben. Der Karneval ermöglicht Übertritte, und im Schutz einer Maske und in der zügellosen Atmosphäre der Saufgelage kann es leicht zu einem Ehebruch kommen. Am Fastnachtsdienstag, dem Fest der Könige, steigt nicht nur die Zahl der Gewalttätigkeiten und Tötungen, sondern auch die der Ehebrüche – sei es, dass der Ehemann mit Nachbarn tafelt und seine Frau allein lässt, sei es, dass die Frau auf der Straße auf vergnügte Lebemänner trifft. Und um die Wahrheit zu sagen, so stellt auch die Anwesenheit des Ehemannes im Hause kaum ein Hindernis für die Untreue dar: Ein gewisser Claude de l'Espine wacht plötzlich neben seiner Frau im Bett auf und überrascht diese in den Armen von Pierre Darmon, der auf der anderen Seite des Bettes liegt. Die beiden Männer geraten aneinander, und der Ehemann wird getötet.

Zuweilen also nehmen sich die Frauen einen Liebhaber, sehr oft aber werden sie auch Opfer sexueller Aggression. Die Gerichtsakten sind voll von Klagen gegen professionelle Verführer, jene ungebundenen Junggesellen, Domestiken, Geistlichen, Soldaten, Burschen, die zu arm sind, um sich irgendwo niederzulassen, jene Außenseiter aller Art, die ein ausschweifendes Leben führen, Mädchen auf dunklen Wegen überraschen, ihnen den Rock stehlen und dann nach vollbrachter Missetat verschwinden. Natürlich behaupten sie, sich nur an Dirnen und nicht an ehrbare Damen heranzumachen, doch sind alle Frauen potenzielle Beute. Gelingt es den Männern nicht, zur Tat zu schreiten, überschütten sie ihr Opfer mit Beleidigungen. Agnès verkauft Brot auf dem Markt der Stadt, als sie von Antoine Féron als »schändliche Hure« beschimpft wird. Er folgt ihr nach Hause und versucht, sie mit Gewalt zu nehmen. Es gelingt ihr, ihn mit Stockschlägen davonzujagen, und dabei lässt sie die Sache bewenden. Ein Wandermusikant aus Lothringen, Nicolas Guillotte, der eine Schandtat nach der anderen begeht, hat hingegen nicht solches Glück. Er spielt auf Dorffesten und verdient damit seinen Lebensunterhalt. 1600 wird er wegen sexueller Beziehungen zu Zabillon, einer ehrbaren Ehefrau, die er gewaltsam und unter Schlägen genommen hat, angeklagt. Mit einer Forke versperrt der Ehemann Nicolas den Weg. Der zieht das Schwert: Die Menschen laufen zusammen, allgemeines Gerede: Die einen sagen, der Ehemann verkaufe seine Frau wie eine Hure, die anderen, Nicolas verführe alle Mädchen, ob verheiratet oder nicht. Der Bursche wird unter Folter verhört und dann verurteilt, »an einem Halseisen der Bevölkerung vorgeführt, mit Ruten geschlagen und drei Jahre verbannt zu werden«. Andere Schuldige werden für dergleichen Verbrechen gehängt. Die Todes-

Die von den Männern missbrauchte Macht

Die Weiber haben nichts weniger als Unrecht, wenn sie nicht gern den Lebensvorschriften folgen wollen, welche in der Welt eingeführt sind; weil die Männer solche verfasst haben, ohne sie darum zu befragen. (...) Wir haben erkannt, dass sie ohne allen Vergleich im Wettstreite der Liebe weit hitziger sind wie wir (...) Dieses alles, sage ich, glauben und predigen wir, und wollen dennoch den Weibern noch eine besondere Enthaltsamkeit, und zwar unter hohen und schweren Strafen, auflegen. Keine Leidenschaft ist dringender als dieses Gelüsten, dem sie nach unserer Vorschrift allein widerstehen sollen, (...) und gleichwohl überlassen wir uns demselben ohne Scham und Vorwurf. Selbst diejenigen unter uns, welche versuchten, seiner Herr zu werden, haben deutlich genug gestanden, wie schwer oder vielmehr unmöglich es ihnen geworden sey, da sie doch allerley Mittel gebraucht, ihren Körper abzutödten, zu schwächen und abzukühlen.

Michel de Montaigne, *Essays*, III, V

Rechts: *Öffentliches Bad, Miniatur aus dem 15. Jh. Alle Zutaten der Lust – Frauen, Musik, köstliche Speisen, Bett, Wein – sind beisammen. Diese gemischten Schwitzbäder sind Orte der Prostitution und werden regelmäßig von den Behörden geschlossen und von der Kirche verurteilt.*

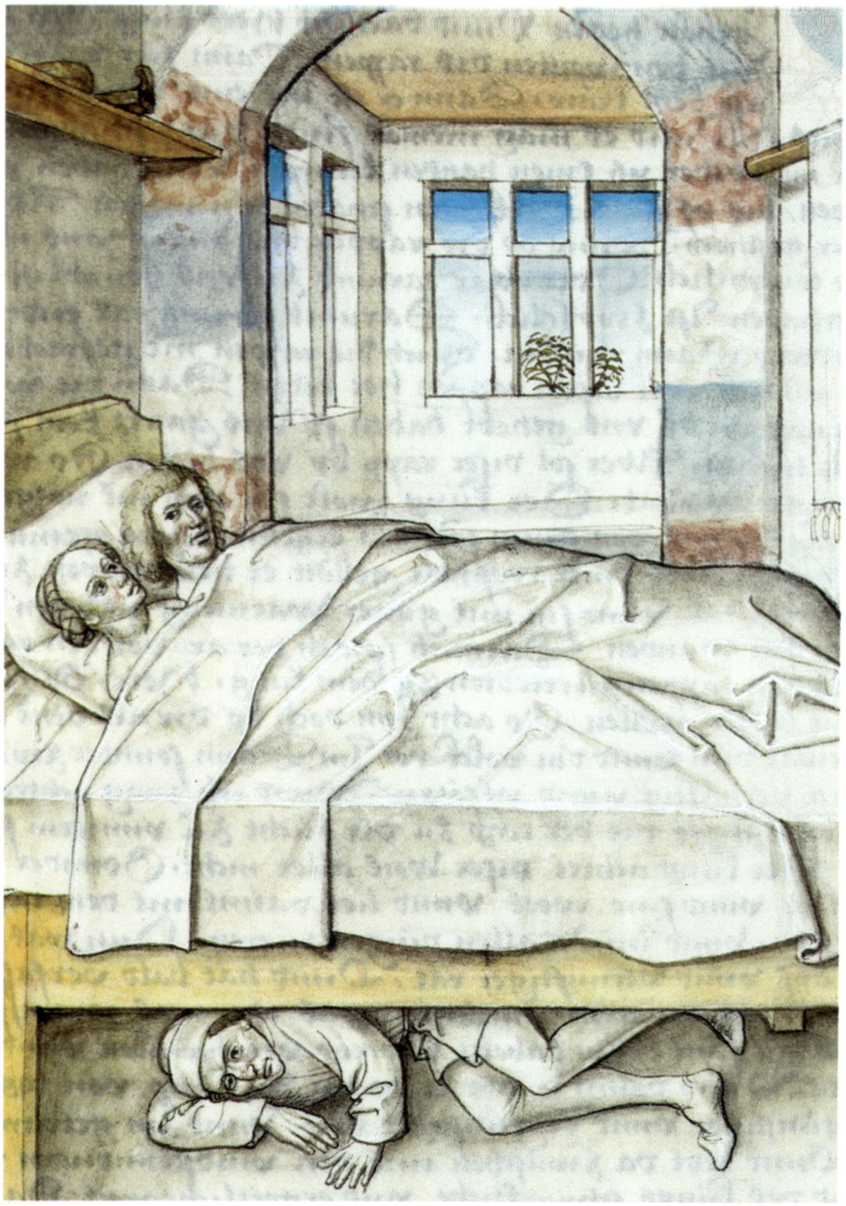

Links: *Miniatur aus dem 15. Jh.*
Einer ist gewiss zu viel, nur wer,
der Ehemann oder der Liebhaber?

strafe – oft wird sie allerdings nicht vollzogen – ist für Diener und Tischgenossen, für Ärzte, Schneider und Pfarrer vorgesehen, die die Vertrautheit mit der Frau des Hauses missbrauchen. Was Lehnsherren und reiche Männer, zum Beispiel Händler, angeht, so haben sie gewichtige Argumente, widerspenstige Frauen gefügig zu machen …

Den Beweis liefern

Im Mittelalter behaupteten die kirchlichen Gerichte, die offiziell Verantwortlichen bei Eheangelegenheiten, lange Zeit, sie allein würden die wahren Anschuldigungen gegen Ehebrecher kennen. Sie erlaubten sich sogar, Männer aufgrund von einfachen, nur auf Gerüchten beruhenden Verdächtigungen vorzuladen und sie dann zu zwingen, durch eine Geldbuße die Sache zu bereinigen. Schon im 13. Jahrhundert hat sich Philipp August diesen Praktiken entgegengestellt, und es bedurfte mehrerer Anordnungen des Parlaments von Paris, um ihrer Herr zu werden. Ab dem 15. Jahrhundert unterstehen die Ehebruchsfälle überall der lehnsherrlichen oder der königlichen Gerichtsbarkeit. Die Strafverfolgung wird im 16. und 17. Jahrhundert immer strenger, im 18. Jahrhundert dann wieder etwas milder.

»Eine Frau durch Heirat zu besitzen heißt, ihr Herz zu besetzen, heißt, ihre Gedanken zu lenken, ihren Geist zu regieren, ihren Willen zu beherrschen.«

Die vor den Gerichten erhobenen Klagen lassen ein Bild des Sexuallebens verheirateter Paare während des Ancien Régime entstehen. Dieses Bild ist lückenhaft, weil faktisch nur Männer das Recht haben, ehebrecherische Frauen gerichtlich zu belangen – ein Relikt des römischen Kodex. Begründet wird dies damit, dass die Unkeuschheit des Mannes sich außerhalb des Hauses ereigne und nicht die gleichen Folgen habe. Das Gesetz kennt nur ein Opfer, den Ehemann, und nur eine Klage, die seine. Jean-François Fournel, ein Advokat im Parlament von Paris, sagt es ohne Umschweife: »Das wertvollste Gut eines Ehegatten ist seine Frau; die Gesellschaft gewährleistet ihm ihren Besitz«. »Eine Frau durch Heirat zu besitzen heißt, ihr Herz zu besetzen, Gegenstand ihrer Aufmerksamkeit, ihrer Befürchtungen, ihrer

Ängste zu sein; es heißt, ihre Gedanken zu lenken, ihren Geist zu regieren, ihren Willen zu beherrschen. Hierin liegt die wahre Freude eines Ehemannes, und diese genau wird ihm durch den Ehebruch genommen.« (*Traité de l'adultère*, Abhandlung über den Ehebruch) Vergeblich setzt sich bereits im 16. Jahrhundert ein Jurist wie Etienne Pasquier für ein »wechselseitiges« Recht ein (vgl. *Institutionen* von Justinian). Zwei Jahrhunderte später konstatiert Daniel Jousse in seinem *Traité de justice criminelle* (Abhandlung über die Strafgerichtsbarkeit) von 1771 ungerührt: »Hinsichtlich der Frau, die ihren beim Ehebruch überraschten Mann tötet, scheint es nicht, dass sie das gleiche Privileg wie der Mann genießen müsse; es scheint, als könne sie der Todesstrafe nicht entgehen.« Das Gesetz verschließt fast immer die Augen vor der Untreue des Ehemannes. Trotzdem kann dieser von seiner Gattin nicht mehr Tugendhaftigkeit verlangen, als er selbst zeigt, und würde er bei seinem eigenen lasterhaften Lebenswandel erwischt, wäre seine Klage unzulässig.

Da der Ehebruch als eine private Beleidigung und nicht als ein öffentliches Vergehen gilt, ist die Anzeige eines Dritten nicht gestattet. Der klagende Ehemann muss Beweise liefern, vertrauenswürdige Zeugen finden und Geständnisse erwirken. Das Gericht kennt die Schwierigkeit, an genaue Fakten zu gelangen, ebenso wie die Ränke, die Ehemänner schmieden, um eine lästige Frau loszuwerden: Verleumdungen und falsche Anzeigen sind nicht selten. Was durch den Schlitz eines Fensterladens oder durch ein Schlüsselloch gesehen wurde, belegt gar nichts, und »unanständige Vertraulichkeiten« sind noch kein Ehebruch. Der verlangt den Vollzug, wohingegen Nacktheit, freizügige Liebkosungen, zweideutige Stellungen vorerst nichts als Indizien sind. Selbst wenn sich die Liebenden *juncti, illa sub, ille super* befunden haben, kann es noch Zweifel geben. Lange wird diskutiert, ob die weibliche Homosexualität, die Brantôme zufolge im 16. Jahrhundert sehr verbreitet ist, ein Ehebruchsdelikt darstellt. Die Justiz verneint dies: »Dieser abscheuliche Umgang

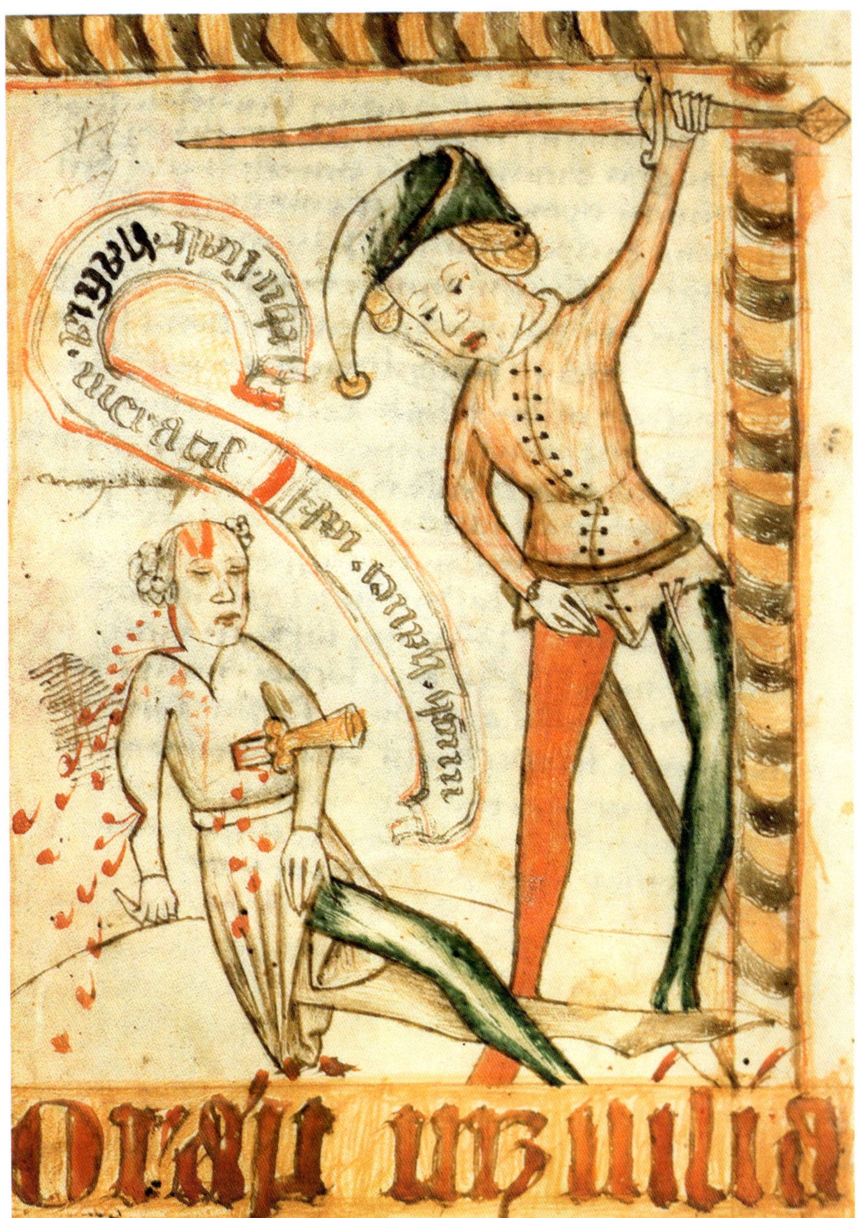

Rechts: *Schwedisches Gesetzbuch, 15. Jh. Verbrechen aus Leidenschaft: Eine Frau bricht zusammen, einen Dolch im Herzen. Gewalt begleitet die Liebe.*

erhält ihm eigene Bezeichnungen.« Werden die Täter nicht in flagranti ertappt, gelten übereinstimmende Annahmen als Beweise: die Reputation der Angeklagten, gleiche Zeugenaussagen, verdächtige Unterhaltungen, nächtliche Ausflüge, kompromittierende Briefe, vergessene Schuhe, eine Schwangerschaft, die während der Abwesenheit des Ehemannes zustande kam usw. Bevor aber ein ehrenrühriges Verfahren angestrengt wird, hat der Ehemann gesetzlich die Möglichkeit, seine Frau dreimal von seinen Zweifeln in Kenntnis zu setzen: Er kann dann ein notariell oder gerichtlich beglaubigtes Urteil erwirken, das den Verdächtigten verbietet, sich zu treffen, und dem Verführer, sich der Frau über eine vom Richter festgelegte Distanz hinaus zu nähern.

Rechts: *Keuschheitsgürtel aus dem 16. Jh., aufwendig gearbeitet mit einem Verschluss aus Elfenbein und einem mit Samt bezogenen Gurt aus Stahl. Keuschheitsgürtel scheinen noch in der Renaissance benutzt worden zu sein. Brantôme erzählt die pikante Geschichte einer Dame, die im Tausch gegen ihre Reize von einem geschickten Schlosser das Duplikat des Schlüssels erhält.*

L'authentique und Verbannung

Die des Ehebruchs überführte und abgeurteilte Frau wird gemäß der noch gültigen Bestimmungen aus dem *corpus authenticarum* des Justinianischen Gesetzes bestraft: Die Ehebrecherin verliert ihre Mitgift sowie alle ehelichen Vergünstigungen. Sie wird geschoren und für wenigstens zwei Jahre in ein Kloster gesperrt, wo sie weiter ihre weltliche Kleidung trägt. Das Gesetz ist mit Sicherheit häufig und konsequent angewandt worden. Das Parlament von Bordeaux verurteilt 1523 eine Schuldige, »ausgezogen und mit Ruten geschlagen (…) und dann in das Kloster der Schwestern der heiligen Magdalena gesperrt zu werden«. Und 1595 verurteilt dasselbe Gericht eine andere Ehebrecherin zu Schlägen und einer zehnjährigen Klosterhaft. Im Languedoc und in der Guyenne gibt es Untersuchungen zufolge die meisten auf Betreiben des Ehemannes eingesperrten Frauen – Klöster sind für viele überdrüssige Ehemänner wunderbare Stätten. In Paris wird eine mittellose Frau gemeinhin in die Salpêtrière (seit 1656 als Krankenhaus besonders für Frauen und Geisteskranke genutzt) eingewiesen.

Nach Ablauf der zweijährigen Klosterstrafe kann der Ehemann ohne weitere Formalitäten der Schuldigen verzeihen und sie wieder aufnehmen. Er kann sie aber auch für den Rest ihrer Tage im Kloster belassen, und sie muss dann die weltliche Kleidung ablegen. Er ist der alleinige Gebieter über ihre Freiheit, doch ist ihm nicht erlaubt, wieder zu heiraten. Stirbt der Mann vor Ablauf der zwei Jahre, muss die Büßerin lebenslänglich im Kloster bleiben. In der Person des Anwalts Manouri prangert Denis Diderot in *Die Nonne* die sexuelle Repression in den Klöstern an. Hat die Verurteilte aber gesühnt und ist ihr Betragen zufriedenstellend, kann das Gericht erlauben, dass sie ihr weltliches Leben wieder aufnimmt und sogar erneut heiratet. Manchmal ist eine Begnadigung von Frauen möglich: Im Jahre 1721 wird die zu *l'authentique* verurteilte Frau eines Pariser Justizbeamten dank der

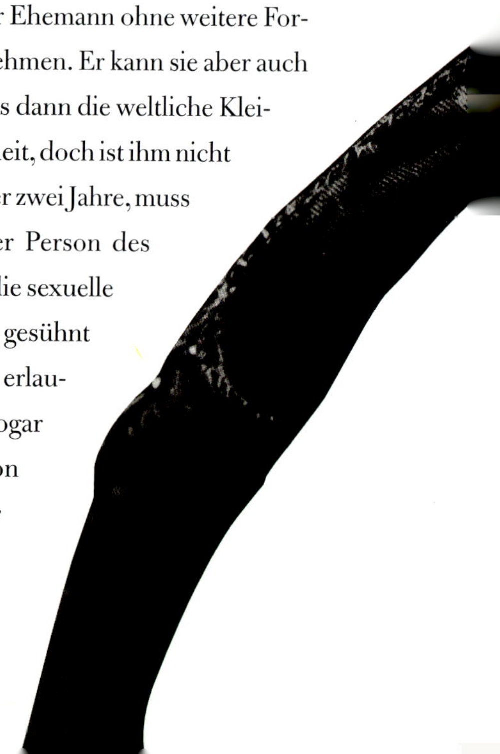

»Klöster sind für viele überdrüssige Ehemänner wunderbare Stätten.«

Fürsprache von Freunden, die bei Hofe Ansehen genießen, amnestiert. Der Mittäter muss gegenüber der Gesellschaft ebenfalls Rechenschaft ablegen. Die Justiz verurteilt ihn von Fall zu Fall zu einer Geldstrafe, verbannt ihn oder erlegt ihm eine Galeerenstrafe auf. Zudem muss er öffentlich Abbitte leisten: Barfuß, mit barem Haupt, einem Strick um den Hals und einer Fackel in den Händen wird er zu den Stufen des Palais du Châtelet und dann vor das Portal von Notre-Dame de Paris geführt. Kniend und mit lauter Stimme muss er erklären, er habe »in törichter, vermessener, boshafter und unverschämter Weise den besagten Ehebruch begangen, er bereue ihn und bitte Gott und den König um Gnade und Vergebung«. Diese Maßnahmen treffen das einfache Volk ebenso wie die Aristokratie: Am 10. März 1718 wird der Baron von G. zu einer fünfjährigen Verbannung und einer Entschädigungszahlung von zweitausend Livres an den betrogenen Ehemann verurteilt und die Frau zu *l'authentique*. Meist aber zeigt sich die Justiz dem Mann gegenüber viel nachsichtiger als gegenüber der Frau.

Wie auch immer ein Prozess endet und die Bestrafung der Schuldigen ausfällt, auffällig ist stets die Verschwiegenheit der Texte und die Härte der Sitten in Bezug auf die eigentlichen Opfer: die kleinen Bastarde. Im 16. Jahrhundert zieht man sie noch im Rahmen des Konkubinats auf dem Schloss oder dem Gehöft innerhalb der Familie auf. Ein Jahrhundert später werden sie, sofern die unverheiratete, verführte und dann davongejagte Mutter sie nicht auf den Pflastern der Stadt aussetzt, verstoßen und von der Erbfolge ausgeschlossen. Heinrich II. hat 1556 allen schwange-

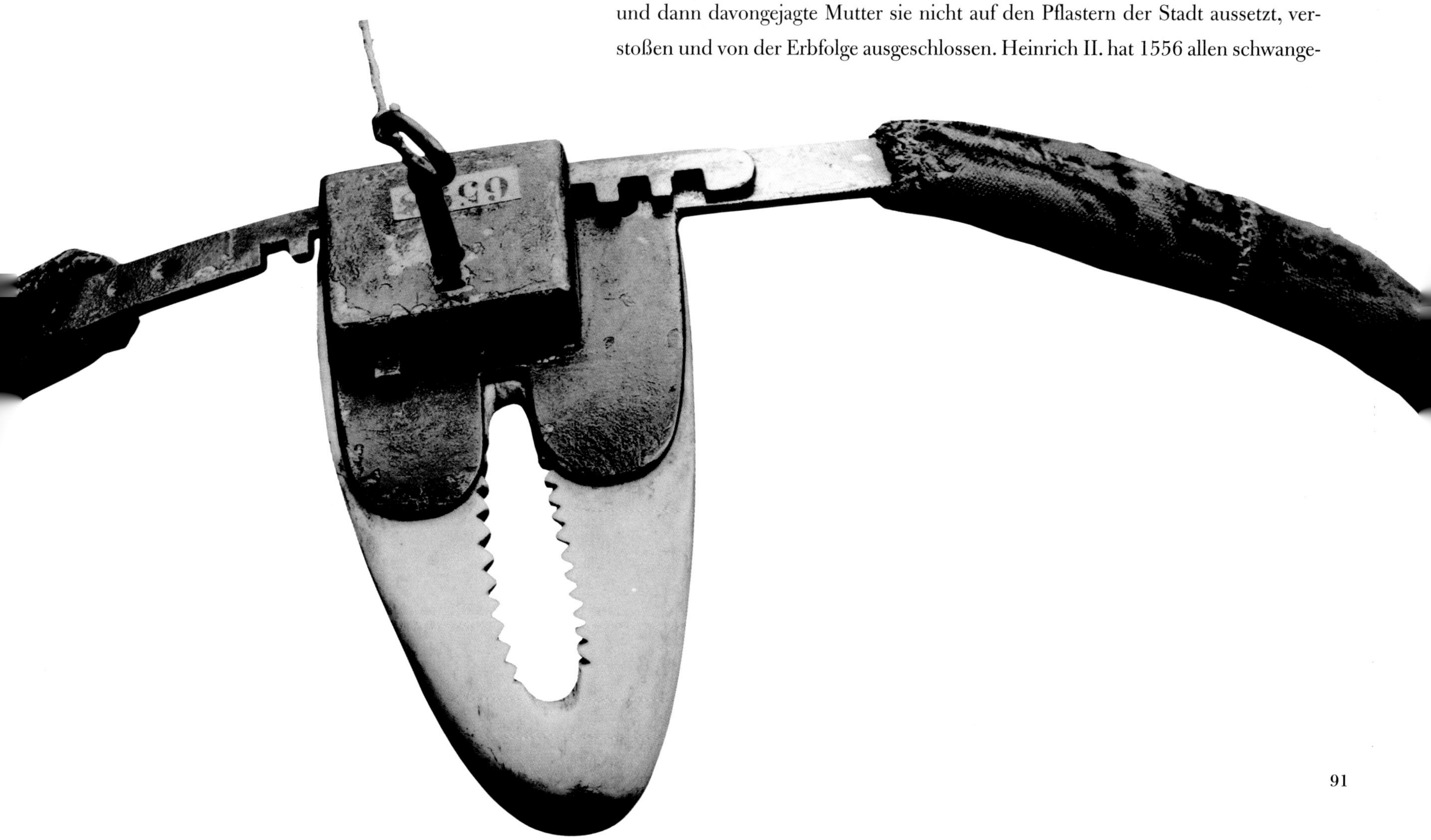

ren Frauen befohlen, ihre Schwangerschaft zu melden, um Abtreibungen und Kindestötungen zu verhindern. Aber die Mutter, gemeinhin ein Dienstmädchen, kann wenig gegen ihren verheirateten Verführer ausrichten, selbst wenn er versprochen hat, ihr beim Lebensunterhalt zu helfen oder sie sogar zu heiraten, sollte seine Frau sterben. Ihre Chancen, von dem Verantwortlichen eine Geldstrafe oder eine magere finanzielle Unterstützung für das Kind zu erwirken, stehen nicht einmal dann günstig, wenn sie die Vaterschaft beweisen kann. Der natürliche Vater jedoch kann den König um die Legitimation des Kindes ersuchen. Abgesehen von bedeutenden Adelsfamilien werden diese kostspieligen Anträge aber nur selten gestellt. Außerdem stellt ein solcher Schritt einen Skandal dar, wie der Jurist Papon in Bezug auf eine 1557 erwirkte Legitimation eines beim Ehebruch gezeugten Bastards bemerkt: »Viele sind fassungslos wegen des schlechten Beispiels.« Die uneheliche Herkunft wird nach wie vor als Strafe für die begangene Sünde betrachtet, und die Haltung gegenüber Bastarden wird zunehmend feindseliger. In England ist die Gesetzgebung nicht milder: Das *Common Law* schließt den *filius nullius* aus kirchlichen Vereinigungen und Zünften aus. Meist lebt er auf Kosten der Kirchengemeinde. Was die verführten Frauen angeht, so verschlimmert sich ihr Los: Sie vergrößern die Schar der Dirnen, die in ein Spital oder in die Verbannung geschickt werden.

Links: *Halle eines Spitals im 15. Jh., Fresko von Domenico di Bartolo (1400–1447). Zur gleichen Zeit, als durch die verstärkte Unterdrückung des Konkubinats immer mehr Dienstmädchen auf der Straße landen, wächst die Zahl der von unverheirateten Müttern ausgesetzten kleinen Kinder. Kindestötungen werden mit dem Tod bestraft. Am Ende des Ancien Régime kann ein Herr ein von ihm geschwängertes Dienstmädchen ohne Entschädigung entlassen. Spitäler und religiöse Orden nehmen Findelkinder auf.*

Die Ehre des Geschlechts

Man spaßt nicht mit der Ehre des Geschlechts. Zuweilen enthält der Ehebruch eine Komponente von Herausforderung oder Prahlerei. Ein Rivale soll gedemütigt und im Dorf vorgeführt werden. Auf dem Waschplatz oder in der Schenke kolportierte Gerüchte steigern sich zu öffentlichen Streitigkeiten, die im Herzen des Dorfes ausgetragen werden. Die Frauen reißen sich an den Haaren, beißen, beschimpfen sich. Der Ehemann rächt sich für die Schmach. Wutentbrannt bringt er seine Frau oder den mutmaßlichen Liebhaber auf der Stelle um, oder er organisiert mit seinen Brüdern und Schwägern eine Hetzjagd: Sie verfolgen den Übeltäter, und der zornige Ehemann »schlitzt mit einem kleinen Messer besagtem Merigot den Sack auf und nimmt ihm die Eier weg«. Das Abschneiden der Genitalien ist im 15. Jahrhundert eine verbreitete Rache für einen Ehebruch. Am Ende steht häufig der Tod des Liebhabers, zuweilen auch der der Ehefrau. Der Wundarzt und Barbier Simon Guy aus Lyon verdächtigt 1537 den Paten seines Sohnes, einen Händler aus Lucca, ein bisschen zu eifrig in seinem Haus zu verkehren. Eines Morgens schleppt er seine Frau wütend auf den Dachboden und peitscht sie mit den Schnürbändern seiner Beinkleider aus. Nachbarn werden durch die Schreie herbeigerufen und stürzen ins Haus, aber sie kommen zu spät: Die Frau hat bereits gebrochene Knochen.

Ist erst einmal Blut vergossen, setzt sich die Gerichtsmaschinerie in Gang. Der wegen Tötung Verurteilte hat gute Chancen, der Strafe zu entgehen, vor

Oben: *Holzschnitt aus dem 16. Jh. Ehebruch ist Diebstahl, und ein Augenblick der Lust kommt den Schuldigen teuer zu stehen: Der Verfechter der Gerechtigkeit (der betrogene Ehemann) schneidet ihm öffentlich die Genitalien ab.*

allem, wenn er einen guten Ruf genießt und er seine Frau und den Liebhaber »in einem Bett am Werke« überraschte, wo sie »ungezogene Worte« wechselten, der Liebhaber »die Brüste und andere *pudenda* (Schamteile) betastend, der eine den anderen umklammernd und küssend«. Gleichwohl ist die private Rache nicht erlaubt, und nur der König kann dem Schuldigen vergeben. Dieser verfasst ein Bittgesuch, in dem sein Vergehen, die seine Handlung rechtfertigenden Umstände und sein Unvermögen, sich zurückzuhalten, aufgeführt werden: Zorn, Empörung oder sogar Trunkenheit sind die gemeinhin vorgebrachten und akzeptierten Entschuldigungen. Von den Tötungsdelikten, die im 15. und 16. Jahrhundert zur Verurteilung kommen, stellen die Ehebruchsfälle nur einen sehr kleinen Teil (weniger als ein Prozent) dar. Die königlichen Richter zeigen sich für gewöhnlich nachsichtig, bereitwilliger aber verzeihen sie den Tod des Liebhabers als den der Ehefrau, es sei denn, sie ist eine bekannte Wiederholungstäterin. Stellt ein misstrauischer Ehegatte dem Liebespaar eine Falle und tötet es dabei, wird seinem Gnadengesuch selbst dann, wenn das Verbrechen vorher geplant war, zumeist stattgegeben. Jahrhundertelang werden dem rachsüchtigen Ehemann, der eine Affekttat begeht, quasi ausnahmslos mildernde Umstände zugestanden. Die Gesellschaft ächtet allenfalls den Inzest, aber nur selten kommt es zu Klagen, da solche Vergehen ein Familiengeheimnis bleiben.

Eifersuchtsdramen

Innerhalb des Repertoires an Situationen, die durch die Dreieckskonstellation des Ehebruchs geschaffen werden, liefert die Eifersucht ein von Schriftstellern oft bearbeitetes dramatisches Motiv. Boccaccio macht sie im *Dekameron* zum Thema einer Novelle: Der Eifersüchtige ruft durch seine ständigen Verdächtigungen gegen seine Frau das Unglück erst herbei. Molière nimmt das Thema in seiner Farce *La Jalousie du Barbouillé* (Die Eifersucht des Barbouillé) auf. Oft aber wird der Eifersüchtige als tragische Person behandelt. William Shakespeare hat dafür in *Othello* das Modell geschaffen. Der Verdacht ist eine tödliche Krankheit und setzt eine zerstörerische Kraft frei, die zum Mord führt. Eher aus Verzweiflung und Ohnmacht als aus Hass betritt Othello Desdemonas Zimmer, um sie zu töten. Miguel de Cervantes Saavedra hat diese zwanghafte, besessene Figur in *Der eifersüchtige Extremadurer* dargestellt. Wenige Themen sind so modern. In dem untrennbaren Paar aus Verfolger und Verfolgtem, Henker und Opfer zeigt sich die narzisstische Rivalität. Die Rollen sind dabei austauschbar, und die Frau liefert allenfalls den Vorwand für den Konflikt (*Der ewige Gatte* von Fjodor Dostojewski). Zuweilen ist die Realität ebenso grausam wie die Fiktion, dann nämlich, wenn die Waffen Genugtuung verschaffen und die Rivalität beenden sollen. So forderte der russische Dichter Alexandr Puschkin im Jahre 1837 den Franzosen Georges d'Anthès zum Duell heraus, weil dieser seiner Frau den Hof gemacht hatte. Er wird von seinem Gegner mit einem Pistolenschuss getötet.

Ehemänner aller sozialen Schichten schreiben *lettres de rémission,* Briefe, mit denen sie beim König um Vergebung und Straferlass bitten: Etwa ein Apotheker aus Tours, der im Jahre 1548 seinen Schwager, seine Schwägerin und einen Nachbarn zum Abendessen eingeladen hat. Vor der Mahlzeit erhält seine Frau eine Nachricht und bittet, sich kurz entfernen zu dürfen. Als sie nicht zurückkehrt, macht sich der Ehemann verärgert auf die Suche und bricht eine zweifach verschlossene Tür mit Gewalt auf. Er entdeckt seine Frau bei einer »unzüchtigen Handlung« mit einem Händler, dessen Umgang er ihr verboten hatte. »In seinem Geiste verwirrt«, so heißt es im Bittgesuch, tötet er die beiden. Ein andermal verletzt ein Tischler aus Lyon seine Frau und tötet ihren Liebhaber, als er das Paar auf frischer Tat ertappt (1536). In der Nähe von Sens überrascht ein armer, von seinen Nachbarn verspotteter und beleidigter Bauer seine Frau mit einem Wüstling auf einer Wiese. Er verfolgt den Übeltäter und ersticht schließlich seine »Hure«. Von Angst gepackt, flieht der Bauer, kehrt dann aber nach Hause zurück und lässt ein Bittgesuch schreiben. Der Adel ist nicht zögerlicher, eine Waffe zu ziehen: Villequier, ein Günstling von König Heinrich III., fängt einen kompromittierenden Brief ab und erdolcht seine Frau daraufhin. Auffällig ist, dass alle Bittgesuche nach dem gleichen Muster abgefasst sind: Der Ehegatte ist ein ehrlicher und anständiger Mann, die Frau lüstern, der Liebhaber gewalttätig und gefährlich.

Der Verdacht

DESDEMONA: Und dennoch fürcht' ich dich, denn du bist schrecklich, / Wenn so dein Auge rollt. / Warum ich fürchten sollte, weiß ich nicht, / Da ich von Schuld nichts weiß; doch fühl' ich, dass ich fürchte.
OTHELLO: Denk' deiner Sünde!
DESDEMONA: Das ist zu dir die Herzensliebe.
OTHELLO: Und dafür stirbst du.
DESDEMONA: Grausamer Tod, der nur um Liebe tötet! – / Ach, warum nagst du so die Unterlippe? / Dein ganzer Bau erbebt in blut'ger Wut. (…)
OTHELLO: Das Tuch, das ich so wert hielt und dir schenkte, / Du gabst es Cassio.
DESDEMONA: Nein bei Seel' und Leben! / Ruf' ihn herbei und frag' ihn! / (…) Nie hab' ich dich / Jemals beleidigt, Cassio nie geliebt, / Als mit der Liebe, die der Himmel selbst / Gestattet: niemals gab ich ihm ein Pfand.
OTHELLO: Bei Gott, ich sah mein Tuch in seinen Händen; / Meineidig Weib! Ha! Du versteinst mein Herz / Und machst zum Mord, was ich beginnen will, / Was ich als Opfer meinte. / Ich sah das Tuch.

William Shakespeare, *Othello*, Akt V, Szene 2

Rechts: Othello étouffe Desdémone *(Othello erstickt Desdémona), Théodore Chassériau (1819–1856). Der Eifersüchtige straft sich selbst, indem er das zerstört, was er liebt.*

Rechts: Briefeschreiberin und Dienstmagd, *Jan Vermeer (1632–1675). Während die Zofe – einmal mehr eine Komplizin – aufpasst, schreibt ihre Herrin einen Brief. Einen Liebesbrief?*

Unten: *Anonymer Stich aus dem 17. Jh. Bleich, schlaffe Gesichtszüge, trauriger Blick: Die Impotenz, die der Arzt zu behandeln versucht, steht dem Patienten ins Gesicht geschrieben.*

Lettres de cachet

Einige Familien, die die Schwerfälligkeit und das öffentliche Aufsehen der Gerichtsmaschinerie umgehen wollen, wenden sich direkt an den König oder in Paris an seinen Polizeileutnant, um einen Verwandten einsperren zu lassen, der die Gesetze der Ehe nicht achtet und damit der öffentlichen Ordnung und der Familienharmonie schade. Gegen eine Zahlung in die Schatzkammer prüft der König oder sein Minister diese Bittschriften sorgfältig und gibt die gesetzliche Genehmigung zur Inhaftierung *(lettre de cachet)*. Solche Gesuche, den Ehepartner oder einen anderen Verwandten inhaftieren zu lassen, sind ab 1720 sehr häufig. Sie resultieren aus den schweren Konflikten die durch Konkubinat, Ehebruch, Armut und schlechten Lebenswandel entstehen. Der Ehemann geht fremd, hält sich eine Geliebte und verprasst sein gesamtes Vermögen, sodass die Ehefrau die Kinder nicht mehr ernähren kann. Ein anderer trinkt, geht zu Prostituierten und misshandelt seine Frau. Umgekehrt beklagt sich der Ehegatte, seine Frau sei lasterhaft, prostituiere sich, treibe sich in Wirtshäusern herum und vernachlässige das Heim. Das Stadtviertel mischt sich ein. Der Kommissar von Châtelet erteilt mehrere Verweise, und die öffentliche Erregung greift auf die Straße über. Nachbarn und Kaufleute setzen ihre Unterschriften neben die des Bittstellers auf das Inhaftierungsgesuch.

Diese zahlreichen, von Arlette Farge studierten Akten enthalten quasi stereotype Situationen, die jedoch in bewegenden Worten und zuweilen mit einer nicht endenden Anhäufung von Fakten und Details geschildert werden. Die königlichen Haftbefehle sind unzählig, obwohl die Verwaltung erst nach genauer Prüfung eingreift. Sie betreffen alle Schichten, zügellose Söhne aus gutem Hause, die unglückliche Frauen verführen, entehren und »ihrer Herkunft zuwiderhandeln« ebenso wie Frauen aus dem Volk, Marktweiber und Gauner, die durch ihr schändliches Verhalten ein ehrbares Heim in Verruf bringen. Die Schuldigen werden bestraft und mit ihrer Schande in den Verliesen der Bastille verborgen. Der Missbrauch, der mit den *lettres de cachet* betrieben wird, ist bekannt und ruft 1789 den Protest der Nationalversammlung hervor. Die Abgeordneten fordern, die auf Verlangen der Familien durchgeführten Inhaftierungen von denen auf königliches Geheiß veranlassten zu unterscheiden.

Weder die *lettres de cachet* noch die Ehebruchsprozesse geben zu erkennen, wo die Toleranzschwelle der Gesellschaft gegenüber der Libertinage und der Auflösung der Sitten liegt. Im Falle der Prozesse lässt sich feststellen, dass den Klagen vor allem finanzielle Motive zugrunde liegen: Durch den Nachweis einer unehelichen Geburt lässt sich oft eine Erbschaft anfechten! In einer Zeit, in der der private Raum prekär ist, greift die Öffentlichkeit stark ins häusliche Leben ein, und diese Einmischung zielt darauf, in den Familien und der sozialen Gruppe eine gewisse Ordnung herzustellen.

Zehn Jahrhunderte der Buße

Die Beichtväter und der Ehebruch

Rechts: Das tote Liebespaar, *Matthias Grünewald (um 1460/70–1528; dem Maler zugeschrieben). Der Prediger des Mittelalters erinnert daran, dass die Körper der toten Liebenden nichts weiter sind als Aas, von Würmern zerfressenes, faules Fleisch.*

Unten: Die törichten Jungfrauen, *Abraham Bosse (1602–1676). Indem sie ihre Brust zeigen, wecken die Frauen Begierden.*

In einem Brunnen mit brennendem Schwefel winden sich Menschen mit vor Schmerz verzerrten Gesichtern. Die Männer sind angekettet, aufgehängt und zerstückelt, schmutzige Teufel umarmen die Frauen und reiten auf ihnen. Schlangen saugen an ihren Brüsten, und Kröten knabbern an ihrem Geschlecht. So stellen sich Künstler des Mittelalters die ewige Hölle für Wollüstige, Blutschänder, Sodomiten und Ehebrecher vor. Ein infernalischer Sturm reißt die Schuldigen mit sich … »Kund ward mir, dass verdammt zu solcher Pein / Die Fleischessünder, die da blind willfahren, / Vernunft missachtend, dem Gelüst allein.« (Dante, *Die göttliche Komödie,* Die Hölle)

Für die christliche Kirche gibt es keine Sexualität außerhalb der Ehe. Bereits in den ersten Jahrhunderten n. Chr. arbeitete sie eine Ethik aus, die bis auf ein paar Nuancen bis in die heutige Zeit bemerkenswert unverändert geblieben ist. Die Pflichten des Paares sind minutiös aufgeführt und in Form von »Summen« und Beichtbüchern kodifiziert, die über Generationen von den Theologen vermehrt werden und alle ein unwandelbares Prinzip enthalten: Der Sexualtrieb wird mit *concupiscentia* (sinnlicher Begierde) verknüpft und ist Todsünde. Ein wechselndes Vokabular bezeichnet die verschiedenen, mit dem sechsten und neunten Gebot angesprochenen Fleischessünden: »Sei nicht wollüstig«, »Das Werk des Fleisches begehre allein in der Ehe«. Schon am Ende des 4. Jahrhunderts beschreibt der Mönch Cassian den Kampf um Keuschheit und fasst die Sünden in Gruppen zusammen, wie zum Beispiel Völlerei und Wollust. In der Folge werden Sexualdelikte nach ihrer Schwere, den Beteiligten und den Umständen klassifiziert: Schändung (Defloration einer Jungfrau gegen ihren Willen), Unzucht (zwischen zwei nicht verheirateten, freien Personen), einfacher oder doppelter Ehebruch, Entführung, Blutschande (Vereinigung von verwandten oder geistesverwandten Personen), Frevel, Sodomie, Bestialität – es gibt viele Sprossen auf der Leiter des Verbrechens. Eine spezielle Kategorie, scheinbar harmlos, jedoch voller Fallen, bilden die »Exzesse der verheirateten Leute«. Jedes dieser Kapitel enthält ein detailliertes Inventar an Vergehen und dokumentiert die sexuellen Praktiken, Laster und Verbote vergangener Zeiten.

Erlaubt, verboten

Wer sein Seelenheil in der Ehe sucht, geht einen Weg, auf dem vielerlei Fallen gelegt sind. Denn zwei Arten von Ehebruch bedrohen das Paar: der Ehebruch durch Untreue und der Ehebruch innerhalb des ehelichen Lebens selbst. Der heilige Hieronymus warnt die Eheleute: »Derjenige, der seine Frau mit einer zu hitzigen Liebe liebt, begeht Ehebruch.« In den folgenden Jahrhunderten wiederholen die Beichtväter unaufhörlich denselben Refrain: »Es ist schändlich, seine Frau wie eine Mätresse zu lieben.« Der Zweck der Ehe ist nicht der »körperliche Genuss«, sondern die Zeugung, und die Kirche unterscheidet sorgfältig ein notwendiges eheliches Verhalten von solchen Umarmungen, die die Libido erregen. Dennoch ist es legitim, dem Ehegatten »das Gebührende zu zahlen« *(debitum conjugale)*, das heißt, seinen Wünschen nachzukommen, um seine sexuelle Begierde zu stillen und ihn von der Unzucht abzuhalten. Der Erzähler Béroalde de Verville schlussfolgert im 16. Jahrhundert: »Die armen Eheleute machen es durch Vertrag, und die anderen (die Unrechtmäßigen) machen es aus Lust« *(Der Weg zum Erfolge)*. Auf der einen Seite die Pflicht, auf der anderen die erotischen Spiele …

Die körperliche Verbindung in der Ehe *(copula carnalis)* ist streng reglementiert. In den Anfängen des Christentums unterscheidet ein Kalender der sexuellen Beziehungen die erlaubten von den verbotenen Tagen. Enthaltsamkeit hat an Sonn- und Feiertagen zu herrschen, in der Fastenzeit und während der »unreinen« Perioden der

Geheimnisvoller Ort

Ein kleines Holzhäuschen mit drei durch Gitter und Vorhänge voneinander abgetrennten Abteilen: So sieht der Beichtstuhl aus, der zu Beginn des 17. Jahrhunderts erfunden wird, damit der Bußfertige im Verborgenen seine Fehler gestehen kann. Zuvor bestand das heilige Gericht nur aus einem vom Beichtenden durch ein einfaches Brett getrennten Sitz für den Priester. Dann fordern die Diözesankonzile, der Beichtstuhl solle in der Kirche nicht im Halbdunkel einer abgelegenen Kapelle, sondern an einem erhobenen Ort aufgestellt werden, wo Beichtvater und -kind von allen gesehen werden könnten. Für die Beichte von Frauen gibt es präzisere Anweisungen: »Die Priester sollen Frauen nicht vor und nicht nach Sonnenuntergang hören; nicht in besonderen Gemächern sollen sie dies tun, sondern öffentlich, auf Sitzen, die dafür aufgestellt wurden.« Auf den »Missionen«, jenen Katechisierungskampagnen, die der Klerus im Frankreich des 17. Jahrhunderts durchführt, tragen die Geistlichen in ihrem Gepäck Beichtstühle aus Metall bei sich, die sie bei jedem Aufenthalt auf- und abbauen. Damit soll eine materielle Distanz errichtet werden. Durch die Beichte bei diesen »Missionaren« umgehen die Bußfertigen die sehr viel unangenehmere und heiklere Situation, ihre Missetaten dem Dorfpfarrer gestehen zu müssen!

Links: *Beichtstuhl der Kirche von Saint-Sulpice in Paris, 18. Jh. Louis-Sébastien Mercier vermerkt in Tableau de Paris* (deutsche Ausgabe: Mein Bild von Paris), *dass Beichtstühle immer weniger aufgesucht würden.*

Rechts: Die Beichte, *Carl Spitzweg (1808–1885). Der Priester ist Seelendoktor, er empfängt die reuige Sünderin.*

Menstruation und der Schwangerschaft, Zeiten zu denen der körperliche Umgang als ehebrecherisch und unrechtmäßig gilt. Ebenso verboten sind Zärtlichkeiten, laszive Küsse und schandbare Berührungen, die »Sterilität verursachen können«. Nicht erlaubt sind Stellungen, die die »von der Natur gewollten« Rollen (der aktive Mann und die passive Frau) pervertieren und verhindern, dass die Frau die den Samen empfangende »Vase« ist – der Mann würde seine Frau wie eine Hure benutzen, und die Zeugungsverhinderung ist eine Todsünde. Auch die Gedanken stehen unter Aufsicht: Mit seiner Frau zu schlafen und dabei an eine andere zu denken ist ehebrecherisch. Von der Kanzel herunter fordern Prediger eindringlich und unermüdlich zur Enthaltsamkeit auf, und die Fresken in den Kirchen erinnern an die bevorstehende Stunde der Bestrafung …

Gleichwohl gibt es bereits im 12. und 13. Jahrhundert Priester, die zwar an der Bedeutung des Sakraments und an der Unauflösbarkeit der Ehe festhalten, jedoch eine realistische Sicht auf das Eheleben und dessen Bedürfnisse haben. Der heilige Thomas von Aquin wiederholt einerseits, die einzige rechtmäßige Umarmung sei die, bei der die Frau gänzlich unter dem Mann liege, um seinen Samen zu empfangen, andererseits ist die Lust für ihn eine sinnfällige Komponente der ehelichen Bindung, gleichsam ein von Gott ausgelegter Köder zur Zeugung: »Der eheliche Akt ist gut« – und die eheliche Treue oberste Pflicht. Andere Theologen tolerieren sogar erotische Fantasien, die Entspannung herbeiführen und die gegenseitige Liebe stimulieren: Maßvoll ist die sexuelle Lust zulässig.

Diese liberale Tendenz wird im 17. Jahrhundert von dem spanischen Jesuiten Thomas Sanchez vertreten, der den Höhepunkt der Frau als wichtigen Bestandteil einer harmonischen Verbindung anerkennt. Seine tausendseitige, in Latein verfasste Abhandlung über die Ehe zählt detailliert die vielfältigsten ehelichen Situationen auf. Beachtung findet sie allerdings erst ein Jahrhundert später und schockiert die Jansenisten durch ihre derbe Darstellung. Allmählich gewinnt eine liberale Haltung an Boden, und die Beichtväter sind bestrebt, die Sünde vom Sünder zu unterscheiden. Im Jahre 1951 erklärt Papst Pius XII. offiziell die Lust zum Bestandteil des Ehelebens und erlaubt Eheleuten, die eine Schwangerschaft fürchten, die unfruchtbaren Zeiten zur Geburtenregelung zu nutzen. Dem Zweiten Vatikanischen Konzil zufolge liegt die Würde der Ehe darin begründet, dass zwei Personen sich einander schenken, ein Geschenk, das das psychische wie das physische Leben bereichere und die »vollkommene Treue der Ehegatten und (...) ihre unauflösbare Einheit« verlange.

Die Schwierigkeit des Geständnisses

Das Tridentinische Konzil im 16. Jahrhundert widmet seine Session XIV dem Sakrament der Buße. Es empfiehlt die häufige Beichte und entwirft einen neuen Priestertypus: voller Milde und Mitleid, darauf bedacht, die Seelsorge einer am Leben orientierten Moral anzupassen. Für diese »Seelendoktoren« gibt es zahllose Bücher, die ihnen beibringen sollen, wie sie ihre Beichtkinder besser befragen können und wie die Vergehen zu werten sind. Zuallererst müssen die Sünden klar und deutlich gestanden werden, »nicht im Allgemeinen«, sondern »im Besonderen und im Einzelnen«, »nicht nur die vollzogenen Handlungen, sondern auch die sinnlichen Berührungen, alle unreinen Blicke, alle schmutzigen Worte«. Die Sünden des Fleisches sind schwerer als andere zu beichten, weil sie »sehr verborgen« sind. Daher zeige der Priester »ein ruhiges Gesicht«, er hüte sich davor, »entrüstet« auszusehen, und mache keinerlei Zeichen. Um die Diagnose erstellen und das Böse behandeln zu können, muss er aber die Gegebenheiten genau erfragen, denn »die Umstände verändern die Art«. Der Büßer wird angehalten, die Menge und die Form seiner Begierden zu nennen, seine »Überlegungen und Einwilligungen zu solchen Genüssen, wie viele Male er sie hatte, wie viele solcher Wünsche er an andere Personen herangetragen hat. Denn waren es an einem Tag zehn, hat er zehn Todsünden begangen« (Benedicti). Für Frauen ist das Geständnis noch schwerer, und gerne wird die Geschichte einer feinen Dame erzählt, die eine vorbildliche

Links: Die Wollüstigen, *Ausschnitt aus* Die Hölle, *Taddeo di Bartolo (1362–1422). Die Umarmung des Teufels ersetzt die Zärtlichkeiten der Liebenden.*

Nonne geworden war, dann aber verdammt wurde, weil sie eine Jugendsünde nicht gebeichtet hatte. Der Beichtvater bekämpft schlechte Beichten, er muss Bestimmtheit zeigen, aber auch Zurückhaltung und Takt, »aus Angst, nicht unmerklich darauf zu verfallen, von bestimmten Dingen zu sprechen, die das Feuer der Begierde eher anfachen als löschen« (Louis Bourdaloue).

Die Beichtbücher, die am Ende des 16. Jahrhunderts verfasste *Somme des péchés* (Summe der Sünden) Benedictis bis hin zum berühmten 1717 veröffentlichten und bis in die Mitte des 19. Jahrhunderts immer wieder neu aufgelegten *Dictionnaire de cas de conscience* (Wörterbuch der Gewissensfälle) von Pontas, prüfen und beurteilen sexuelle Praktiken, Gesten, Stellungen, Gedanken, Worte anhand von konkreten Einzelfällen, so genannten Gewissensfällen *(casus conscientae)*. Während die Rigoristen unter den Beichtvätern die härtesten der vorgestellten Lösungen übernehmen, vertreten die Probabilisten die »probablen« (wahrscheinlichen) Positionen und stützen sich auf die Fälle, die sich am besten dazu eignen, Pflichten wie Strafen zu verringern. Lässlich ist ihnen zufolge die Sünde desjenigen, »der sich seiner Frau wie seiner Frau nähert, aber nur aus Wollust«. Ebenfalls verzeihlich ist die Sünde von Eheleuten, die »sich über Mittel unterhalten, die zur Vereinigung anregen«.

Gleichwohl erinnern die Kasuisten unmissverständlich an die Zwecke der Ehe: die Zeugung und die »eheliche Verpflichtung«. Wer sich grundlos dem Partner verweigert, treibt ihn zur Unzucht oder zum Ehebruch und teilt seine Schuld. So wird jungen Müttern dringend geraten, auf das Stillen ihres Babys zu verzichten, um so schnell wie möglich die sexuellen Beziehungen zu dem Gatten wieder aufnehmen zu können und damit seine Unzucht zu verhindern. Gilt die eheliche Verpflichtung ebenso für Männer? Die Gattinnen sind schamhaft und wagen nicht, ihr Begehren zu äußern, aber die Ehemänner müssen, Pater Fernandez de Moures zufolge, über das Verlangen ihrer Frauen nachdenken, vorausgesetzt, es ist »vernünftig«! Viele Seiten lang beschäftigen sich die Bücher der Kasuistik mit Grenzfällen: »Junia hat einen Ehegatten, der von Natur aus sehr lüstern ist und der sie manchmal zwingen will, ihrer Pflicht nachzukommen, obwohl sie merkbar krank ist. Ist sie, weil sie sonst eine Todsünde begeht, verpflichtet, ihm zu gehorchen und dabei ihre eigene Gesundheit zu gefährden, aus Angst, er könne der Unzucht verfallen?« (Pontas) Selbstverständlich ist das Interesse an ihrer Gesundheit den Gründen ihres Gatten vorrangig. Aber besessen von dem Gedanken an Unkeuschheit wie von dem Willen, sie zu verhindern, zitiert der kirchliche Diskurs in allen Einzelheiten diese aus Unwissenheit, Schwäche oder Bosheit begangenen Vergehen …

Oben: A beau prêcher à qui n'a envie de bien faire, *Stich von Nicolas Guérard (1648–1719). Sind die Predigten nicht nur Worte im Wind?*

Folgende Doppelseite: La femme entre deux âges *(Eine Frau zwischen zwei Generationen), Schule von Fontainebleau, 16. Jh. Mit einem Augenzwinkern oder einer lockenden Geste bietet die Kurtisane ihre Gunst feil.*

Die Verurteilung des Ehebruchs durch die Kirche

Es ist eine große Sünde, wenn Männer, die nicht verheiratet sind, Konkubinen haben. (...) Frauen, ob verheiratet oder nicht, die öffentlich ehebrecherisch oder in wilder Ehe leben, werden, wenn sie dreimal verwarnt wurden und nicht gehorcht haben, vom Ordinarius streng bestraft. Sie werden, wenn es angebracht erscheint, des Ortes und sogar der Diözese verwiesen, und die Ordinarien können sich hierbei, falls nötig, der Hilfe des weltlichen Armes bedienen.

Tridentinisches Konzil, Session XXIV

Links: Die Hölle, *Ausschnitt, Civetta (um 1510–1555). Ein ehebrecherisches Paar, das zur Strafe von einer grausigen Gesellschaft umgeben ist.*

Die Leidenschaft, ein wildes Tier

Mit den streng verurteilten unerlaubten Liebschaften sind oft Praktiken der Empfängnisverhütung verbunden, die den Kasuisten zufolge die Sünde verdoppeln. Benedicti stützt sich auf Theorien eines zeitgenössischen Mediziners und erklärt, unter Tieren gebe es keinen Ehebruch. Als für die Menschen vorbildlich nennt er die sprichwörtliche Treue der Elefanten!

Das Verbrechen *(crimen)* des Ehebruchs wird durch teuflische Verhaltensweisen und Schliche vorbereitet, denen sich die lüsterne Frau – der jahrhundertealten Tradition der Frauenfeindlichkeit zufolge – oft bedient. Indem sie sich am Fenster zeigen, um begehrt zu werden, maskiert auf Maskenbällen oder im Theater – berüchtigte Orte der Ausschweifung – erscheinen und sich auf eine »unzüchtige« Weise schmücken, um den Männern zu gefallen, ihnen einen »lüsternen, flatterhaften, lockenden« Blick zuwerfen und ihre Brust darbieten, haben die Frauen bereits Ehebruch begangen, denn »sie wissen, dass sie dadurch dem Ruin so mancher dienen, die in ihrer Begierde straucheln«. Ihre Sünde ist allerdings lässlich, wenn sie aus »Eitelkeit« gehandelt haben. Die Tiefe eines Dekolletés ist Gegenstand donnernder Predigten, und in den Abhandlungen über die Gewissensfälle wird genau geprüft, ob die Frauen ihre Brust entblößen, um der Mode zu folgen, ihrem Ehemann zu gefallen oder um eines anderen Begehrlichkeit zu wecken. Demgemäß löst der Fall einer Schneiderin, die Mieder anfertigt, oder der eines Ehemannes, der seiner Frau erlaubt, sich zu schminken, eine heftige Debatte aus. Die Beichtbücher zeichnen ein erschütterndes Bild der durch Ehebruch verursachten Katastrophen: ruinierte Familien, Meineide, falsche Zeugenaussagen, Eifersucht, Rache, Mord. Immer ist die Leidenschaft ein »wildes Tier, das seine Kette gesprengt hat«. Dabei missbilligt die Kirche ebenso entschieden die Gesellschaftsspielchen, bei denen kokette Blicke und Schmeicheleien ausgetauscht werden, wie die Zweckehen, die schon von der Wiege an geplant sind und ohne Zustimmung der Betroffenen geschlossen werden. Die Hölle ist von Eheleuten bevölkert, die schlecht zueinander passten und ihr Vergnügen woanders gesucht haben. Der Jesuit und Familienspezialist Mathurien Cordier fordert, dass man »niemals den Blick auf einer Person ruhen lasse, derer man sich nicht ohne Sünde erfreuen kann«, und schlägt vor, »um die unzulässigen Dinge zu verhindern, (...) diejenigen, die erlaubt sind«, zu mäßigen, da es zuweilen besser sei, wie Engel denn wie Tiere zu leben. Und auch vor kessen Dienstmädchen nehme man sich in Acht, denn »es ist ein ungeheures Verbrechen, dass Ehemänner elende Kreaturen

Oben: Dame à sa toilette *(Eine Frau putzt sich), Schule von Fontainebleau, 16. Jh. Prediger vergleichen die weibliche Brust mit einem Gift, das wirksam wird, wenn man es anschaut oder berührt.*

weiterhin mit ihrer eigenen Frau im Haus halten«. Nach drei Verwarnungen wird der schuldige Ehemann exkommuniziert und der Diözese verwiesen. Wer mit Prostituierten verkehrt, ist im Zustand der Verdammnis, denn solches ist »eine ebenso große Sünde, wie eine verheiratete Frau zu verführen«.

Auch der betrogene Ehegatte geht aus dem Abenteuer nicht unbeschadet hervor: Die Kirche empfiehlt ihm, sich von seiner fortgesetzt ehebrecherischen Frau zu trennen, so wie es die Heilige Schrift sagt. Behält er sie bei sich, billigt er ihre Sünde und gilt als »Anstifter ihrer Unzucht«. Er muss zumindest versuchen, sie zu ändern. »Die Männer, die die Augen vor den kleinen Fehltritten ihrer Frauen verschließen, geben sie der Prostitution preis.« Benedicti erinnert jedoch auch daran, dass im Unterschied zum bürgerlichen Gesetz eine in flagranti beim Ehebruch ertappte Ehefrau zu töten »vom göttlichen Gesetz und *in foro conscientiae*« verboten sei. Erasmus von Rotterdam plädiert in seinem Traktat über die christliche Ehe für Nachsicht und verlangt vom Ehemann, der untreuen Gattin zu verzeihen, auch wenn die kanonischen Gesetze vorschreiben, sie davonzujagen.

Oben: La femme entre deux âges *(Eine Frau zwischen zwei Generationen), Ausschnitt, Schule von Fontainebleau, 16. Jh.*

Die Kasuisten nehmen die Fälle in allen Einzelheiten unter die Lupe. Hat der ehebrecherische Teil das Recht, von seinem Partner die eheliche Pflicht einzufordern? Und darf dieser die Erfüllung verweigern? Wenn eine Frau, die zu Unrecht des Ehebruchs verdächtigt und davongejagt wurde, Ehebruch begeht, fällt dann ihr Verbrechen auf den Ehemann zurück? Darf der Ehemann, der zum Überleben die Arbeitskraft seiner ehebrecherischen Frau braucht, sie bei sich behalten? Muss er sie sogar bei sich behalten, wenn er sich sonst der Gefahr der Unkeuschheit aussetzt? Machen allein Berührungen eine Frau schon zur Ehebrecherin? Die Kasuisten zählen neun Fälle auf, die die Trennung des Paares rechtfertigen, und setzen zehn gute Gründe dagegen. Am Beichtvater ist es, die Folgen abzuwägen. Ein wesentliches, oft angeführtes Kriterium ist das öffentliche Aufsehen eines Ehebruchs. Der Ehemann ist nicht verpflichtet, seine Frau aus dem Haus zu jagen, wenn die Sünde geheim ist und es »keinen Skandal noch Gefahr (gibt), dass man den Gatten für den Zuhälter seiner Frau hält«. Die Schuldige bei sich zu behalten wird dann zu einem Akt der Barmherzigkeit, weil, »um ein Übel zu verhindern, man sich der Gefahr eines noch beachtlicheren Übels aussetzt«.

Vor Gott und in der Theorie bedenkt die Kirche den Ehebrecher und die Ehebrecherin mit der gleichen Missbilligung, aber in der Realität ergehen sich die Kasuisten in spitzfindigen Argumentationen, um die Sünderin härter zu verurteilen. Nach Benedicti »beleidigen Frauen schwerer und gefährlicher als Männer«, obwohl Männer »schwerer sündigen«, denn die weibliche Untreue zieht »die Unsicherheit der Kinder« nach sich. Die schlechte Gattin entehrt das Heim, nicht aber der schlechte Gatte. Der betrogenen Ehefrau wird von allen Seiten zuerkannt, dass sie sich nicht versündigt, wenn sie bei ihrem Mann bleibt: Denn da sie ihm unterlegen ist, kommt es ihr nicht zu, ihn zu korrigieren. Pontas fordert sogar, dass die Unschuldige ihren untreuen Gatten bei sich behalten muss, um zu verhindern, dass er anderweitig Unzucht treibt. Und schließlich: »Die Frau muss sich darauf beschränken, zu weinen, zu klagen, bei Gott um die Bekehrung ihres Gatten zu bitten.«

Unten: Der eifersüchtige Alte, *Louis-Léopold Boilly (1761–1845). Die Ehe wird zur Hölle, wenn aufgrund von Familieninteressen ein fünfzehnjähriges Mädchen, das aus dem Kloster kommt, mit einem häßlichen, reichen und griesgrämigen alten Mann verheiratet wird.*

Reue und Sühne

Ist der Ehebruch erst einmal gestanden, muss der Beichtvater sein Beichtkind auf die Reue und die *restitutio* (Sühne) vorbereiten. Die Frucht der unrechtmäßigen Liebschaften ist das Problem, das am schwersten wiegt, und Gegenstand heftiger Kontroversen. Wie die Gewissensschuld begleichen? »O arme Unglückliche! Sehen Sie nur, in welchem Labyrinth Sie gefangen …« Verlangt wird von den Liebenden, gemeinschaftlich und solidarisch den Schaden zu beheben, der dem Gatten der Ehebrecherin verursacht wurde. Die Kasuisten von Benedicti bis Pontas berücksichtigen

das Ansehen des Hauses, das es vor allem vor »öffentlicher Schande« zu bewahren gilt. Daher soll die Frau ihr Vergehen dem Ehemann lieber verschweigen, als ihn in Misskredit zu bringen. Im Innern ihres Herzens aber wird sie Buße tun und sich bemühen, den Schaden wieder gutzumachen, indem sie die Aufmerksamkeit für die Ihren verdoppelt. Sie wird versuchen, »ihren Gatten zu überzeugen, ihre anderen Kinder, die rechtmäßig sind, vorzuziehen (…), aber mit Bedacht, aus Furcht, dass er Verdacht schöpfen könnte« (Benedicti). Um ihre unehelichen Kinder dennoch nicht zu benachteiligen, gehe sie bezahlten Arbeiten nach oder esse weniger, »um das Vermögen zu sparen«, verzichte auf überflüssige Dinge und putze sich nicht mehr heraus. Liegt sie im Sterben, kann sie den Priester beauftragen, ihren Ehemann zu unterrichten. Eine tragikomische Geschichte aus *Die Hundert neuen Novellen* erzählt von einer im Sterben liegenden Mutter, die, während ihr Mann auf dem Feld arbeitet, ihre zehn Kinder zu sich ruft. Sie offenbart ihnen, dass sie alle verschiedene Väter hätten, und ermahnt sie, dem Jüngsten, dem einzigen legitimen Kind, nicht das Brot zu nehmen. Als der Bauer am Abend heimkehrt, sitzt am Bett der Sterbenden nur noch sein jüngster Sohn, die anderen haben das Haus verlassen …

Das Opfer des Ehebruchs, das illegitime Kind, bezahlt für das Vergehen seiner Erzeuger einen hohen Preis. Das Gesetz erkennt dem Bastard nur »Alimente« zu, und die Eltern können ihn in ein Spital geben, sofern sie für die Kosten aufkommen und »für seine Seele Sorge« tragen. Diese Anordnungen sind streng, gibt der Moralist zu, doch »sie sind geeignet, das Laster fernzuhalten«!

Unaufhörlich betont die Kirche im Laufe der Jahrhunderte die Unauflösbarkeit der Ehebande. Bei Ehebruch erlaubt sie zwar die Trennung der Gatten, aber weder eine Scheidung noch eine Wiederverheiratung. Wenige Theologen behaupten, das Band reiße im Falle eines Ehebruchs von selbst, aber sie werden nicht gehört. Nur wenige Gründe erkennt die Kirche für eine Annullierung der Ehe an. Diese Fälle unterliegen der Zuständigkeit eines geistlichen Gerichts, bevor sie nach Rom weitergereicht werden: Solche Verfahren sind Ausnahmen und sehr langwierig.

Oben: Le Fruit de l'amour secret *(Die Frucht geheimer Leidenschaft), Stich nach Pierre-Antoine Baudouin (1723–1769). Die Hebamme kümmert sich um alles. Sie lässt das Kind taufen, bringt es, je nach dem Vermögen des Vaters, zu einer Pflegemutter oder zu den Findelkindern. Das uneheliche Kind zahlt mit Wucherzins für den Fehltritt seiner Eltern.*

Oben: Der Tanz, *Abraham Janssens (1573/74–1632). Die Reformierten missbilligen die lasziven Tänze, bei denen man sich unzüchtig in den Hüften wiegt und Mädchen und Frauen ihre Tugend verlieren.*

Calvins Erlaubnis zur Scheidung

Anders steht es mit dem Eheverständnis der Calvinisten. Die Reformatoren erkennen nur zwei Sakramente an: die Taufe und das Abendmahl. Die Buße und die Ehe sind demnach ausgenommen, obwohl Letztere als »göttliche Einrichtung« den Charakter des Heiligen behält. Der Ehebruch ist eine schwerwiegende Sünde, und es obliegt dem Konsistorium, die Schuldigen gemäß der biblischen Pflicht zur »brüderlichen Zurechtweisung« zu maßregeln. Johannes Calvins in Genf erschienener Kirchenordnung *(Ordonnances ecclésiastiques)* zufolge besitzt das Konsistorium die Macht über das Innere und Äußere: Einerseits übernimmt es die Rolle des Beichtstuhls – sieht man davon ab, dass der Calvinismus darauf zielt, die Lebensführung der Gläubigen einer beständigen strengen Kontrolle zu unterwerfen und das Geständnis damit eine etwas andere Rolle spielt als in der römischen Kirche. Andererseits kann im Falle nachgewiesener Untreue das Konsistorium die Scheidung aussprechen, und der unschuldige Ehegatte darf sich wieder verheiraten. »Wenn der Ehemann, der seine Frau anklagt, mittels Augenzeugenberichten oder ausreichender Indizien ihren Ehebruch beweist und verlangt, durch Scheidung getrennt zu werden, bewillige man es ihm, und es stehe hiermit in seiner Macht, sich wieder zu verheiraten« (Calvin). Dieselbe Regelung gilt für die Ehefrau.

Zuvor aber versucht das Konsistorium, die Eheleute wieder zu versöhnen und weiteren Streitigkeiten durch Tadel und Verweise vorzubeugen. Das 1541 geschaffene

»Wenn der
Ehemann mittels
Augenzeugenberichten
beweist, dass seine
Frau eine
Ehebrecherin ist,
steht es in seiner
Macht, sich wieder
zu verheiraten.
Dieselbe Regelung
gilt für die Ehefrau.«

Rechts: Calvin, *Tizian (1488/90–1576). Gerader und strenger Blick: Der Reformator will die Reinheit der Urkirche wiederherstellen.*

Die Beichte der Prinzessin von Cleve

Die schöne und tugendhafte Prinzessin von Cleve ist seit kurzem mit einem Mann verheiratet, den sie achtet, aber nicht liebt. Sie verliebt sich in den verführerischen Herzog von Nemours, der für sie in Leidenschaft entbrannt ist. Madame de La Fayette schuf aus einer altbekannten Intrige einen der subtilsten psychologischen Romane der französischen Literatur (1678): Zuvor zeigten die sentimentalen Schäferromane keusche und unnahbare Heldinnen. Das Neue der Prinzessin von Cleve *ist die Stärke einer realen Leidenschaft. Die Mutter hat die Gründe für die Verwirrung ihrer Tochter erkannt: »Sie stehen am Rande eines Abgrundes; es bedarf großer Anstrengung und Selbstüberwindung, um Sie vor dem Sturze zu bewahren. Denken Sie daran, was Sie Ihrem Gatten schuldig sind; denken Sie daran, was Sie sich selber schuldig sind (…).« Was aber vor allem erstaunt, ist die Szene des Geständnisses vor dem Ehemann, der »alles in eins« empfindet, »eines Gatten und eines Geliebten Eifersucht«. Aufgelöst wirft sich die Prinzessin vor ihrem Mann auf die Knie, aber sie weigert sich, ihm den Namen des Auserwählten zu nennen. Scharfsichtig schildert die Autorin die Beichte vor dem Ehemann als eine schwindelerregende Versuchung, bei der sich Erleichterung, Forderung, Wollust und Selbstzerstörung mischen. Monsieur de Cleve stirbt vor Schmerz, und seine Frau stößt den allzu verführerischen Nemours zurück, um ihre Tage im Kloster zu beschließen. Das Bild des liebenden Ehemannes reizt die kommenden Romanautoren wenig, wohingegen sie sich gerne der Figur des Verführers zuwenden. Aber die wirkliche, hier vom Ehemann verkörperte Liebe ist gut, und über die Natur der Liebe und der Leidenschaft täuscht die Prinzessin sich nicht: »Monsieur de Cleve war vielleicht der einzige Mann auf der Welt, welcher die Liebe in der Ehe zu bewahren vermochte. Mein Geschick wollte es nicht, dass ich dieses Glück auskosten sollte; seine Leidenschaft hatte vielleicht auch nur Bestand, weil er nicht ihresgleichen bei mir fand.«*

Schuldige Selbstbefragung

Sie hielt es beinah für unmöglich, dass sie jemals seiner Liebe froh werden würde. »Doch wenn ich es sein könnte,« rief sie, »wie soll ich mich dann verhalten? Will ich sie dulden, will ich sie erwidern? Will ich mich in eine Liebschaft einlassen, will ich Monsieur de Cleve, will ich mich selber aufgeben? Und will ich mich endlich der grausamen Reue und den tödlichen Schmerzen hingeben, welche die Liebe erwirkt? Von einer Liebe, die mich wider Willen überkam, bin ich besiegt und überwunden worden; alle meine Entschlüsse sind nichtig; ich dachte gestern genauso, wie ich heute denke, und tue heute das Gegenteil von dem, was ich mir gestern vornahm. Ich muss mich Monsieur de Nemours Blicken entziehen …

Marie-Madeleine de La Fayette,
Die Prinzessin von Cleve

Oben: Le Mercredi des cendres *(Aschermittwoch), Philéad Salvator Levilly, um 1845. Ein erzürnter Ehemann, ein Liebhaber, der fortgeht, und die junge Frau ist zurück im Schoße der Kirche …*

Links: La Prière du matin *(Morgenandacht), Jean-Baptiste Greuze (1725–1805). Das Gebet ist der letzte Schutzwall gegen die Leidenschaft.*

Oben: Femme déshabillée pour le bain *(Bereit fürs Bad), Stich von Antoine Dieu (1662–1727). Die Komplizenschaft einer Zofe, ein zustimmendes Lächeln, und die Sünde ist schon halb begangen.*

Konsistorium, das sich aus Pastoren und Ältesten zusammensetzt, wacht über die öffentliche Moral und Ordnung. Zeigt ein Bürger Genfs ein schändliches Betragen, wird er an drei aufeinander folgenden Sonntagen, »ohne aber den Sünder zu nennen, um ihn zu verschonen«, verwarnt und ersucht, sich zu bessern. Bleiben die Warnungen ungehört, wird er vor das Konsistorium geladen und aufgefordert, sich zu erklären. Bei Fortführung seines schändlichen Lebenswandels wird sein Name öffentlich genannt, und er wird vom Abendmahl, dann aus der Kirchengemeinschaft ausgeschlossen und manchmal in Ketten gelegt. Angezeigtes sündhaftes Verhalten wird jeden Donnerstag vom Konsistorium hinter verschlossenen Türen sorgfältig geprüft. Wurde ein Bursche in der Schenke beim Kartenspiel gesehen oder wie er ein Mädchen zwickte, lädt das Konsistorium ihn vor und tadelt ihn. Tanzt eine Frau nachts, trägt sie einen Reifrock und die Haare offen, wurde sie im Schwitzbad gesehen? Sie wird zu schicklichem Betragen aufgerufen. Die Betroffenen weisen zuweilen dieses Eindringen in ihre Intimsphäre zurück, wie jene Dame Perrin, die den Pastor heftig anfährt, es sei nicht an den Predigern, sie zu verurteilen, sondern an ihrem Mann, sie zu strafen!

Erreicht das Konsistorium von Genf das Gerücht über einen Ehebruch oder Bigamie, so hat es die Aufgabe, zu ermitteln und Zeugen vorzuladen. 1557 erstattet der Genfer Bürger Jean Bétrix Anzeige, weil er glaubt, seine Frau betrüge ihn mit dem Diener eines reichen Witwers, einem gewissen Rollet. Bétrix verlangt die Scheidung. Zeugen bestätigen das Verhältnis: Die Angeklagten haben Geschenke ausgetauscht, sie soupieren gemeinsam und laden Gäste zum Tanzen ein. Rollet hätte sogar seine Hand unter das Kleid der jungen Frau gesteckt. Er genießt keinen guten Ruf, ist Katholik geblieben und besucht sonntags die Messe. Die mutmaßlichen Schuldigen

Unten: Prélude *(Vorspiel), Louis-Léopold Boilly (1761–1845). Der Beichtvater möchte wissen, ob die Büßerin sich dem Verführer widersetzt oder schnell hingegeben hat.*

werden mehrmals vor das Konsistorium zitiert, aber sie bleiben dabei, nur gute Freunde zu sein. Im Oktober ruft das Konsitorium den als Justizbehörde fungierenden Kleinen Rat ein und verurteilt Marie zu zwei Monaten Gefängnis. Aber sie stammt aus einer angesehenen Genfer Patrizierfamilie, welche Druck auf den Rat ausübt und bald die Freilassung der jungen Frau erreicht. Wiederholungstaten folgen, wieder gibt es Zeugen, wieder wird Druck ausgeübt: Der Hahnrei wird schließlich gezwungen, der Frau zu vergeben und das gemeinsame Leben wieder aufzunehmen … Diese Geschichte ist einzigartig, und ihr Ausgang ist der sozialen Herkunft der Schuldigen zu danken. Gemeinhin spaßt man in Genf nicht mit dem Ehebruch, und er wird mit Gefängnis oder Verbannung bestraft. Das Recht, sich wieder zu verheiraten, wird nur zuerkannt, falls der Partner von tadellosem Lebenswandel ist, und es kommt vor, dass eine Ehe annulliert wird, weil die Gatten »zusammen wollüstig« waren, bevor die Scheidungsklage in Bezug auf die vorige Ehe eingereicht wurde. Um unpassenden Verbindungen und damit dem Ehebruch vorzubeugen, enthält die Kirchenordnung von 1576 Vorschriften über das Alter der Eheleute: Eine Frau unter Vierzig darf keinen Mann heiraten, der mehr als zehn Jahre jünger ist; die Differenz beträgt ab dem vierzigsten Lebensjahr nur noch fünf Jahre. Über sechzigjährige Männer dürfen nur Frauen heiraten, die mindestens halb so alt sind wie sie!

Die Anordnungen sehen Scheidung auch bei Bigamie vor sowie im Falle, dass der Mann das eheliche Heim verlässt, was in jenen unruhigen Kriegszeiten häufig vorkommt. Die Frau muss dann, will sie nicht als Ehebrecherin gelten, vom Fortgang des Mannes an zehn Jahre warten, um eine neue Ehe einzugehen, vorausgesetzt, es besteht kein Verdacht, dass der Gatte irgendwo festgehalten wird. Verlässt der Ehemann das eheliche Heim, muss die Frau alles versuchen, ihn zurückzuholen, und erst, wenn er dreimal rückfällig geworden ist, gilt sie als »entbunden«. Im Falle einer Tötung bei Ehebruch zeigt die Republik Genf keine Nachsicht. Eine Ausnahme ist die Geschichte des nach Genf übergesiedelten Waffenpolierers Claude Dater aus Lyon: Dater erwischt seine Frau in Gesellschaft eines nur spärlich bekleideten Priesters. Der flüchtet sich in einen Schrank, und der Ehemann durchbohrt die Gattin mit einem Schwert. Das Konsistorium in Genf verweigert Dater das Abendmahl, weil er Blut vergossen hat. Nach einer Untersuchung, einem Verhör und einem Bittgesuch kommt der Mörder jedoch mit einem einfachen Verweis davon …

Unaufhörlich erinnert die Kirche an die Besonderheit der ehelichen Liebe, die der Verbindung zwischen Christus und der Kirche ähnlich sei: Durch dieses Band, das so eng ist, dass der »Kopf leidet, wenn der Fuß schmerzt«, verlieren die Eheleute die freie Verfügung über ihren Körper. Handelt es sich um übertriebene Subtilitäten der Beichtbücher oder um inquisitorische Neugier der Konsistorien? Eine minutiöse Rechtsprechung jedenfalls säumt das Eheleben. Aber waren Verbote jemals imstande, der unerlaubten Frucht den Geschmack zu nehmen?

Lustbarkeiten und königliche Lust

Brantôme erteilt den königlichen Mätressen die Absolution: »Es ist nicht sündigen, mit dem König zu schlafen.« Denn wird eine Dame von einem großen König geliebt, zeigt das ihre Vollkommenheit. Während die aus politischem Kalkül geehelichte Königin für die Fortpflanzung des Geschlechts sorgt, verkörpert die erwählte anmutige Favoritin Lust, Galanterie und zuweilen Kultur.

Diana von Poitiers: mehr als Königin …

Heinrich II. vergöttert die schöne, kalte und zwanzig Jahre ältere Diana von Poitiers. Wie ein höfischer Ritter seiner Herrin schreibt er ihr leidenschaftliche Briefe und macht sie zur mächtigsten Frau Frankreichs. Diana bestimmt die Moden, lässt sich als Jagdgöttin porträtieren und überschüttet die Künstler, die ihre Schönheit und Tugend rühmen, mit Wohltaten! Eine seltsame *ménage à trois* ist diese Beziehung zwischen Ehemann, Gattin und Favoritin. Diana ist sich ihrer Macht gewiss und ermahnt ihren Geliebten, mit der Königin zu schlafen, um den Erfordernissen des Geschlechts zu genügen. Sie ist effizient und allgegenwärtig, beaufsichtigt die Königskinder, wählt die Ammen aus, gibt Feste, empfängt Diplomaten auf ihrem Schloss in Anet. Die gedemütigte Katharina von Medici zieht dem Skandal das Schweigen vor und verbirgt ihre Eifersucht. Doch die Stunde der Rache schlägt 1559: Bei einem Turnier verunglückt Heinrich II. tödlich. Sofort verweist die Königin Diana des Hofes und verlangt von ihr alle Juwelen zurück.

Die Fastenzeit der Marquise de Montespan

Madame de Montespan triumphiert über ihre Rivalinnen: Sie ist schön, geistreich, unerschrocken. Ludwig XIV. wird von der Kirche streng getadelt, und der Kreuzweg der Montespan findet zur Fastenzeit im Jahre 1675 statt: Der Vikar Lécuyer versagt ihr die Absolution. Entrüstet benachrichtigt sie den König, der sich an Jacques Bossuet wendet. Der jedoch rechtfertigt die Verweigerung: Die Favoritin muss den Hof verlassen. Ein paar Wochen tut sie Buße, dann ist sie wieder in Versailles. 1677 wird dem ehebrecherischen Paar ein kleines Mädchen geboren, Mademoiselle de Blois. Der Sonnenkönig besucht unter dem nachsichtigen Blick seiner Gemahlin Madame de Maintenon seine Sprösslinge. Mindestens acht seiner Bastarde legitimiert er, zwei von Louise de la Vallière und sechs von Madame de Montespan. Aus Angst vor dem Verlust seiner direkten Erben ermächtigt er die Söhne der Marquise de Montespan, ihm auf dem Thron nachzufolgen – eine Neuerung, die am Hof Entrüstung hervorruft und nach Ludwigs Tod rückgängig gemacht wird.

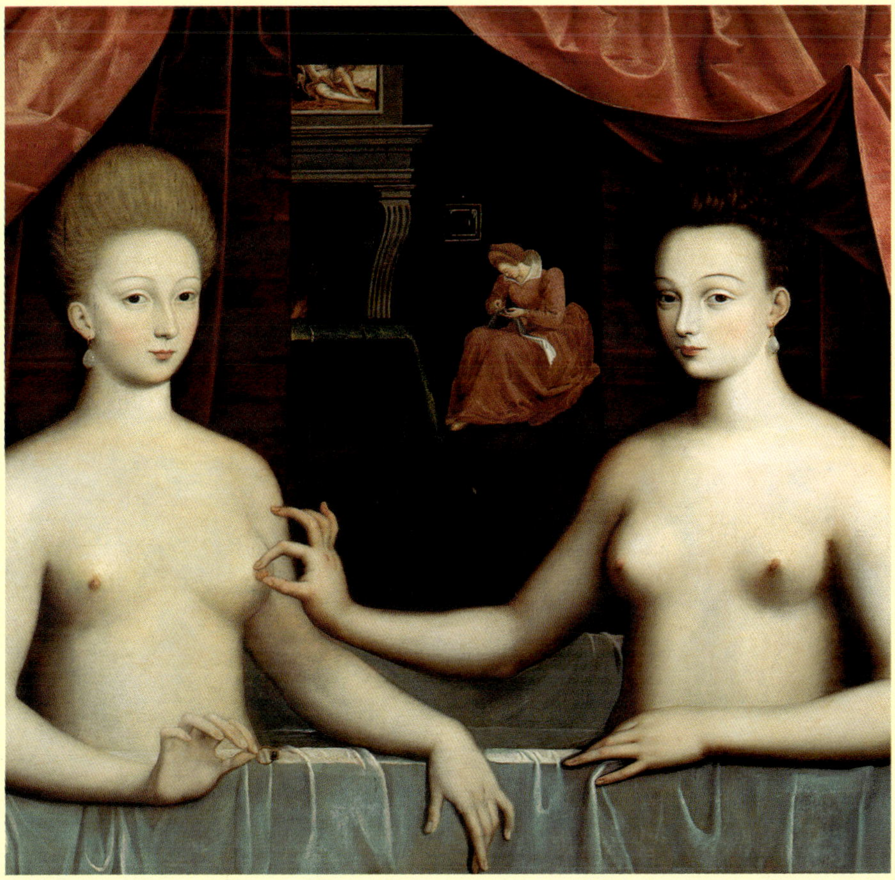

Das Serail eines Königs

Ein Novum: Heinrich IV. verspricht den königlichen Mätressen die Ehe! Nach einer langen Liaison mit der schönen Corisande verliebt er sich in Gabrielle d'Estrées. Gabrielle besitzt eine offizielle Stellung bei Hofe. Zwischen 1593 und 1599 überlegt der mittlerweile katholische Heinrich IV., Gabrielle, die ihm drei Kinder schenkt, zu seiner Königin zu machen. Zur Fastenzeit 1599 fordern die Prälaten ihn auf, sich von seiner Mätresse zu trennen. Heinrich IV. ist in Fontainebleau, die schwangere Gabrielle bleibt in Paris. Am Karfreitag wird die junge Frau von puerperalen Krämpfen befallen, und bei Tagesanbruch stirbt sie. Heinrich IV. überlässt es sodann den Diplomaten, eine Ehe mit Maria von Medici auszuhandeln, und verliebt sich in Henriette d'Entragues. Er bietet der Schönen Geld, einen Landsitz und den Titel einer Marquise, wenn sie das Bett mit ihm teilt, aber ihr Vater feilscht bei der Übergabe. Der Ungeduldige unterzeichnet ein Versprechen, wonach er Henriette heirate, wenn sie ihm vor Jahresfrist einen Sohn schenke. Auf dem Schloss von Saint-Germain ziehen die Gouvernanten dem Befehl Heinrichs folgend alle Früchte des königlichen Samens, fünf Bastarde und die rechtmäßigen, von Maria von Medici geborenen Kinder, gemeinsam auf.

Die Pompadour, eine kultivierte Bürgerin

Jeanne-Antoinette Poisson stammt aus Finanzkreisen. Ihr Verhältnis zu Ludwig XV. wird von Kupplern eingefädelt. Als Marquise de Pompadour verändert sie ihre Ausdrucksweise, achtet auf ihre Aussprache und begründet den neuen Typus der die Literatur und Kunst liebenden Favoritin. Um dem König zu gefallen, lässt sie in ihren Gemächern Komödien aufführen; überdies empfängt sie Denis Diderot, Jean Le Rond d'Alembert, Claude Helvétius, Anne Robert Turgot, Georges Buffon. Als sie begreift, dass ihr Charme sich verbraucht, versucht sie, die Stelle der Freundin und Ministerin einzunehmen. Ihre Herrschaft dauert von 1745 bis 1764. Nach ihrem Tod scheint die Reihe von Mätressen dieses Formats unterbrochen: »Die Könige und Kaiser, die seitdem in Frankreich folgten, waren entweder zu tugendhaft, zu despotisch, zu gichtisch, zu reumütig oder zu sehr Familienväter, um sich noch dergleichen Nutzlosigkeiten zu gestatten.« (Charles Sainte-Beuve)

Die Libertinage im 18. Jahrhundert

Der Ehebruch, ein Schelmenstreich

Rechts: *Ausschnitt aus dem Gemälde* Ruhendes Mädchen, *François Boucher (1703–1770). Zerknitterte Laken, ein Stück nackter Haut: Die Sinnlichkeit entsteht aus der Suggestion. Der Maler wurde zu seiner Zeit der Unmoral bezichtigt.*

Im Jahrhundert der Aufklärung ist der Ehebruch nach dem Mord »das sträflichste aller Verbrechen«. Allerdings verlagern die Enzyklopädisten die Verantwortlichkeiten, indem sie eine neue soziale Dimension aufzeigen: Wer fügt der Gesellschaft größeres Unrecht zu – derjenige, der die Frau eines anderen verführt, oder derjenige, der in wilder Ehe mit einer Frau zusammenlebt und es ablehnt, zu heiraten und Kinder zu haben? Diderot, der Verfasser des *Enzyklopädie*-Artikels »Ehebruch«, prangert bezeichnenderweise nicht, wie die meisten seiner Vorgänger, die Lüsternheit und Treulosigkeit der Frauen an. Ihn beschäftigt vielmehr die Widersprüchlichkeit der zugleich despotischen wie schwachen Vaterfigur. Er beklagt den Zuwachs an außerehelichen Kindern – das bedeute, »die Erde mit unglücklichen Bürgern zu überhäufen« – und verurteilt den Egoismus der Männer, die im Konkubinat leben und auf diese Weise die Gesellschaft destabilisieren. Die Unehelichkeit ist ein häufiges Thema in den Reflexionen der Aufklärer über die Sitten: Denis Diderot macht sie zum Gegenstand eines Theaterstücks *(Der natürliche Sohn oder Die Proben der Tugend),* Jean-Jacques Rousseau erklärt den Schutz des Kindes zum Bestandteil seines *Gesellschaftsvertrags,* und Voltaire weigert sich, den Namen seines Vaters François Arouet zu tragen.

Noch wird die Frau nicht entschuldigt, aber Philosophen und Schriftsteller sehen sie bereits als Opfer. Angeklagt werden die Väter, die ihre Töchter aus egoistischen Motiven verheiraten. Voltaire erhebt sich gegen die Gesetze, mittels derer Frauen lebenslang in ein Kloster gesperrt werden können, jedoch nicht vor ihren Verführern geschützt werden. Aber während der Ehebruch faktisch nur noch als kleiner Verstoß gilt, spielt er paradoxerweise in der Romanliteratur des 18. Jahrhunderts weiterhin eine große Rolle. War der Gatte auch seiner Frau unwürdig, stets behält diese von ihrem Seitensprung nur Vorwürfe und ein Gefühl der Beschmutzung zurück. Rousseaus Sophie flieht, weil sie die Blicke ihres Mannes nicht mehr erträgt (*Émilie et Sophie ou les Solitaires,* Emilie und Sophie oder Die Einsamen). Die Émilie de Montbrillant von Louise d'Épinay zermartert sich in ihrer Reue, während der Gatte sie demütigt und das Erbe verschleudert. Und Claudine-Alexandrine de Tencin analysiert in *Le Siège de Calais* (Die Belagerung von Calais) die Scham der Ehebrecherin Madame de Granson. Ehebrecherische Heldinnen erlaubt das Jahrhundert noch nicht …

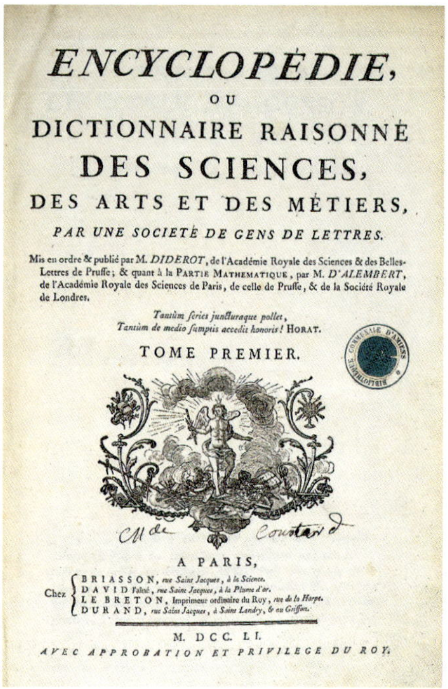

ENCYCLOPÉDIE,
OU
DICTIONNAIRE RAISONNÉ
DES SCIENCES,
DES ARTS ET DES MÉTIERS,
PAR UNE SOCIETÉ DE GENS DE LETTRES.

Mis en ordre & publié par M. *DIDEROT*, de l'Académie Royale des Sciences & des Belles-Lettres de Pruſſe; & quant à la PARTIE MATHEMATIQUE, par M. *D'ALEMBERT*, de l'Académie Royale des Sciences de Paris, de celle de Pruſſe, & de la Société Royale de Londres.

Tantùm ſeries juncturaque pollet,
Tantùm de medio ſumptis accedit honoris! HORAT.

TOME PREMIER.

A PARIS,
Chez BRIASSON, *rue Saint Jacques, à la Science.*
DAVID l'aîné, *rue Saint Jacques, à la Plume d'or.*
LE BRETON, Imprimeur ordinaire du Roy, *rue de la Harpe.*
DURAND, *rue Saint Jacques, à Saint Landry, & au Griffon.*

M. DCC. LI.
AVEC APPROBATION ET PRIVILEGE DU ROY.

Enttäuschung und Langeweile

Die Aufklärung fordert das Recht auf Glück. Auch wenn die Gesellschaft kaum die Rechtmäßigkeit einer Vernunftehe bezweifelt, so macht die Natur doch andere Ansprüche geltend. In dem Artikel über den »Genuss« definiert die *Enzyklopädie* den Menschen als naturgemäß unbeständig, und der Artikel über die »Ehe« regt an, einem Paar die Scheidung zu erlauben, sobald die Kinder groß sind. Im *Nachtrag zu Bougainvilles Reise* beschwört Diderot die paradiesischen Zustände auf Tahiti, wo es keinerlei Tabus, nicht einmal das Inzestverbot gebe, und findet für die Ehe keine andere Begründung als den zur Fortpflanzung der Art notwendigen »Vorzug, den ein Weibchen einem Männchen oder ein Männchen einem Weibchen vor allen anderen Weibchen gibt«. Das Liebesspiel dient dazu, »die Leidenschaft des Männchens zu erregen und seine Zuneigung zu fesseln«. Es ist keinesfalls zu verurteilen, führt dieses doch zu dem köstlichsten aller Genüsse. Und die Treue ist nichts weiter als eine Chimäre: »In unseren Ländern meist nur eine fixe Idee, eine Folter für den anständigen Mann und die anständige Frau (…).« Die Eifersucht kommt nicht besser weg: »Die Leidenschaft eines bedürftigen und gierigen Tiers, das fürchtet, entbehren zu müssen (…).« Die so genannte zivilisierte Gesellschaft fußt demnach auf irrigen Vorurteilen, die aus der Ehe eine reine Formsache machen, den Ehemann zu einem despotischen Eigentümer erklären und die Schuld erst erfinden.

Es bedarf großer Seelenstärke, um eine durch die Tyrannei der Eltern erzwungene Ehe zu ertragen: »Wir haben hundert schlechte Tage für eine gute Nacht.« Nach sechs Monaten Ehe entdeckt die Gattin einen »barschen, schimpfenden, ständig widersprechenden und geizigen« Ehemann an ihrer Seite. Ihre Träume sind zerstoben, und der wenig Gebildeten bleibt kaum anderes, als zu »gefallen«. Den größten Teil des Tages verbringt sie mit ihrem Garderobenwechsel, um für jeden Anlass passend gekleidet zu sein. Das Herz, die Sinne, der Geschmack verlangen nach Trost, und da ist der Ehebruch, der einer endgültigen Trennung vorzuziehen ist, eine Verbesserung der Ehe. »Man muss glauben, geliebt zu werden, um zu glauben, untreu zu sein«, sagte Jean Racine. Zum guten Ruf einer Frau gehört es, einen Verehrer zu haben, ist doch die Galanterie die Würze ihres müßigen Lebens. Eine Frau sorgt dafür, begehrt zu werden. Sie erregt die Leidenschaft ihres Geliebten, zeigt sich ihm mal nachgiebig, mal streng, und hält ihn zwischen Hoffnung und Verzweiflung. Es ist allemal besser, aus Liebe als aus Langeweile zu seufzen. Man trifft sich in der Comédie-Italienne, im Palais-Royal, in einem Salon oder zu kleinen, feinen Soupers und wetteifert mit geistreichen Worten. Das Vergnügen vertreibt die Langeweile, und auf diesem fruchtbaren Boden des Luxus, der Frivolität und des Müßiggangs gedeiht der Ehebruch: »Die Langeweile ist die Quelle aller Verfehlungen«, bemerkt Madame de Créqui zu Recht.

Im Übrigen sind die Eskapaden der Männer die Entschuldigungen der Frauen, und Schätzungen zufolge haben Mitte des 18. Jahrhunderts drei von vier Ehemännern eine Mätresse. »Ich besuche meine Frau nur alle paar Monate, und oft kann ich wegen der vielen Menschen, die bei ihr sind, kein Wort mit ihr wechseln. Wir haben nichts als den Namen gemeinsam und vielleicht die Kinder. (...) Sie hat ihre Liebhaber, ich habe eine Mätresse. Wir sind dabei von grenzenlosem Entgegenkommen.« (Nicolas Edme Rétif de la Bretonne) Manche bedauern das, und Montesquieu kommen die züchtigen und diskreten Sitten Persiens in den Sinn, wo die Frauen eifersüchtig ihre Liebe verbergen. Einige Moralisten fordern für Frauen das Recht auf Bildung und Wissen, in der Hoffnung, die Kultiviertheit der Gattinnen stärke die Treue ihrer Männer.

Oben: Les Deux Baisers *(Zweierlei Küsse), Philibert-Louis Debucourt (1755–1832). »Es ist der Ehemann, der die Frau zu etwas macht, aber da drei Viertel der Männer keinen Charakter, keine Stärke und keine Würde besitzen, gibt es eine Menge liederlicher Frauen.« Louis-Sébastien Mercier.*

Links: L'Épouse indiscrète *(Die neugierige Ehefrau), Pierre-Antoine Baudouin (1732–1769), gestochen von Delaunay. Solche kleinen, im 18. Jh. zuhauf angefertigten Stiche sollen die Sinne erregen.*

Unten: Justine, *Marquis de Sade, 1791. Die Vorbilder für seine Figuren findet de Sade unter seinen Zeitgenossen: Er besucht die orgiastischen Soireen des Herzogs von Fronsac und des Prinzen von Lamballe.*

»An die Stelle einer gewissen gekünstelten Pracht treten nun Feste, Erotik und Freidenkertum.«

Der libertine Geist

Ehebruch und Konkubinat unterscheiden sich je nach Milieu. Brantôme zufolge sind im 16. Jahrhundert alle Damen am Hofe galant, angefangen bei Marguerite de Valois, der schönen Königin. Sie lesen die pornografischen Sonette des Italieners Pietro Aretino und zögern nicht, den Männern Avancen zu machen. Dabei handelt es sich wohl eher um rein triebhafte, körperliche Verbindungen als um dauerhafte Verhältnisse, und der unkontrollierbare Einfluss der Sinne gilt als Zeichen der menschlichen Schwäche und trägt den Frauen eine gewisse Nachsicht ein. Das 1587 veröffentlichte *Manifeste des dames de la cour* (Manifest der Damen am Hofe) enthüllt Beichten von Barmherzigkeit fordernden Damen. Madame de Villeroy kann angesichts der schwächlichen Konstitution ihres Mannes gar nicht anders, als sich dem Chevalier de Breton zuzuwenden, und verlangt vom Bischof von Lyon die Absolution. An den anderen europäischen Höfen geht es kaum sittlicher zu: In England behauptet Ben Jonson, keine Frau gebe sich mit nur einem Mann zufrieden: »Das wäre so, als verlangten sie von ihnen, sich mit einem Bein oder einem Auge zu begnügen.«

Tallemant de Réaux führt Brantômes endlosen Bericht über die galanten Affektiertheiten der Aristokratie fort. Und Jean de la Bruyère bemerkt, viele Frauen seien »besser mit den Namen ihrer Liebhaber bezeichnet als mit dem ihres Mannes«. Diskretion ist nicht immer üblich, und glaubt man den Worten des Liebhabers einer vornehmen Dame, so ist die Eitelkeit noch größer als die Sinnenlust: »Emporgehoben möchte ich werden, um es der ganzen Welt zu verkünden!« Die Kirche aber kämpft entschlossen gegen die Zügellosigkeit. Die von Madame de Maintenon geforderte Erziehung lehrt die jungen Mädchen von Saint-Cyr, »Gott zu dienen und (ihren) Gatten zufrieden zu stellen«. Noch ist die Ehre eines Mannes an die Tugendhaftigkeit seiner Frau geknüpft. Frauen aber wie Ninon de Lenclos und Madame de Villedieu gehorchen ihren Launen und ihrer Lust auf Abwechslung: »Ich glaube, ich werde dich drei Monate lang lieben, das ist für mich das Unendliche«, bekennt die schöne Ninon. Der Libertin des 17. Jahrhunderts will wiederum mehr noch als seine Sexualität ausleben, er will die Gedankenfreiheit gegen jegliche Zensur und gegen die allzu trockene Vernunft behaupten. 1671 empört das skandalöse Verhalten von Madame de Lyonne, der Gattin eines Staatssekretärs, die gute Gesellschaft: Sie teilt sich ihren Liebhaber mit ihrer Tochter, und die beiden Frauen werden im Bett mit dem Grafen von Saulx überrascht! Marie de Sévigné entrüstet sich: »Ihre Unanständigkeit ist eine unerhörte Schande. Ich hatte sie schon vor langer Zeit aus dem Kreis der Mütter ausgeschlossen.«

Durch die Regentschaft Philipps II. von Orléans erhält dieses heiter-grausame Gesellschafts- und Liebesspiel neue Regeln. An die Stelle der Bigotterie und einer gekünstelten Pracht, die am Ende der Herrschaft Ludwigs XIV. die Gesellschaft prägten, treten nun Feste, Erotik und Freidenkertum. Lust ist die Parole des Jahrhunderts! Die durchtriebenen Gefährten Philipps II. von Orléans, die *Roués* (sie verdienen die Hinrichtung durch das Rad, *la roue*), geben den Ton an. Die Jagd nach dem Vergnügen und die Libertinage bestimmen das Verhalten der guten Gesellschaft. Man macht nicht nur Liebe, sondern man spricht auch davon. Nicolas Chamfort definiert die Liebe als »Austausch zweier Fantasien und Berührung zweier Epidermen«. Das Vokabular aus Krieg und Stierkampf dient ihrer Beschreibung; Verführungen, Finten, Annäherungen und Rückzüge sind der Liebe Ingredienzien. Kühnheit und Unverfrorenheit, Flatter- und Launenhaftigkeit gehören zum Anstand: Die Dame von Welt versteht, »wenn ein Liebhaber ihr gefällt, (...) ihn zu lieben, ihn mühelos zu vergessen, wenn er sie vergisst, und wenn er abwesend ist, sich zu vergnügen« (Marivaux). Diese großen Damen fordern Gleichheit mit den Männern. Kein Schuldgefühl belastet sie. Ihre Amoralität, ihre schamlose Freiheit erschrecken selbst den Grafen von Tilly, wie sein Dialog mit einer Mätresse zeigt: »›Wollten Sie mich?‹ ›Ich wollte die Lust.‹ ›Auf wen hatten Sie es abgesehen?‹ ›Auf den Ersten, der mir gefallen würde.‹ ›Großer Gott!‹ rief ich aus und konnte eine Art Entsetzen nicht verbergen. ›Es ist sehr amüsant‹, nahm sie das Wort wieder auf, ohne sich aus der Ruhe bringen zu lassen, ›dass ihr Männer wollt, euch sei alles erlaubt, nachdem ihr uns fast alles verboten habt.‹ ›Aber Sie richten sich zugrunde.‹ ›Oh, nein! Die halben Vergehen führen ins Verderben, die äußersten jedoch fast niemals, denn man hält sie nicht für möglich.‹«

Es sind Liebschaften für eine Nacht, und die Liebe ist stets nur ein Spaß, bestenfalls ein Genuss, schlimmstenfalls eine Perversion. Von Crébillon bis Choderlos de Laclos, von Rétif de la Bretonne bis de Sade – der Libertin will die Illusion der Gefühle zerstören, und am Ende des Jahrhunderts bedient er sich der Sinne und der Lust wie einer Waffe, um gegen die Werte der monarchischen und christlichen Gesellschaft zu Felde zu ziehen. Den Gipfel der Ausschweifung stellt die in den Romanen Rétifs und de Sades beschriebene Prostitution der Gattin seitens ihres Mannes dar. Hier werden jegliche Werte desavouiert und die Fundamente des politischen und sozialen Lebens untergraben.

Unten: Gefährliche Liebschaften, *Pierre Ambroise Choderlos de Laclos, 1782. Der Libertin will die »Tugend in langsamem Todeskampf den Geist aushauchen (...) lassen«.*

Folgende Doppelseite: Einschiffung nach Kythera, *Antoine Watteau (1684–1721). Kythera, die verzauberte Insel, ist die Heimat der Liebe. Ein Tempel dort ist der Aphrodite geweiht.*

Gesellschaftliche Unordnung

Der Ehebruch, das ist wahr, ist die Verbindung zweier verderbter, mit Unrecht angefüllter Herzen, die sich gegenseitig Abscheu verursachen müssten, aus dem Grunde, dass sich zwei Diebe umso weniger schätzen, je besser sie sich kennen. Ehebruch kann den Kindern, die daraus hervorgehen, äußerst schaden, weil sie weder die Wirkungen der Mutterliebe von einer Frau zu erwarten haben, die in ihnen nur Anlass zur Besorgnis oder Vorwürfe der Untreue sieht, noch irgendeine Wachsamkeit in Bezug auf ihre Sitten von einer Mutter, die keine Sitten mehr besitzt und den Geschmack der Unschuld verloren hat. Aber obwohl dies große Verwirrungen sind, leidet die Gesellschaft, solange das Übel geheim bleibt, scheinbar wenig darunter; die Kinder werden ernährt und erhalten sogar eine Art anständiger Erziehung.

Enzyklopädie von Denis Diderot und Jean Le Rond d'Alembert

Rechts: Scène de comédie *(Szene aus einer Komödie), Schule von Fontainebleau, 16. Jh. Über die Jahrhunderte hat der eifersüchtige Gehörnte stets mehr Gelächter als Mitleid hervorgerufen.*

Rechts: Le Jaloux discret *(Der diskrete Edelmann), Stich von Nicolas Guérard, 18. Jh. »Das Jammern für den Laffen, des Narren ist der Lärm / der Edelmann betrogen, entfernt sich und sagt nichts.«*

Unten: Le Savetier *(Der Flickschuster), Stich von Larmissin, 18. Jh. Das Angebot der Hebammen, die kleinen Bastarde aufzunehmen, ist im buchstäblichen Sinne ein »Milchhandel«: Viele Frauen verkaufen ihre Milch, notfalls sogar, wenn sie ihr eigenes Kind dann nicht mehr ernähren können.*

Eine Toleranz genannte Gleichgültigkeit

Zahlreiche Schlüsselromane erzählen die Geheimnisse der Alkoven. Die unrechtmäßigen Paare bleiben selten anonym: Anne Thérèse de Lambert und François Joseph Saint-Aulaire, Marie Anne du Deffand und Jean-François Hénault, Madame de Rochefort und der Chevalier de Boufflers. Die Marquise de Mirabaud macht sich einen Spaß daraus, ihren Liebhabern ein Zeugnis über ihre Beziehung auszuhändigen. Friedrich Melchior Freiherr von Grimm ist der Liebhaber von Louise d'Épinay, Louis François de Richelieu der von Madame de la Popelinière. Dieser Großneffe des Kardinals Armand de Richelieu, der mit 24 Jahren seine dritte Ehe eingeht, führt seine Eroberungen stets mit viel Fantasie zum Erfolg: Er verkleidet sich als Sträfling oder als junges Mädchen und erfindet für das Innere eines Marmeladenschrankes ein System aus drehbaren Zwischenwänden. Alexandre de Tilly findet überall Mätressen: Engländerinnen oder Französinnen, Adelige oder Schauspielerinnen, Unverheiratete oder Ehefrauen. In seinen *Memoiren* erzählt er seine Abenteuer und Niederlagen, schmückt sie mit einigen pikanten Details aus und nennt jede Eroberung mit ihren Initialen: Die Marquise de C… ist »mehr als galant, unmoralisch über alle Maßen«, doch bei de Laclos stellt sie sich an und weigert sich, ihm die Tür zu öffnen.

Ein Paar *à la mode* ist es sich schuldig, getrennt zu leben. Liebe in der Ehe ist lächerlich und verstößt gegen den guten Geschmack: »Schon vor sechs Monaten hat das Sakrament Sie verbunden«, schreibt Gabriel-François Coyer, »und Sie lieben Ihren Mann immer noch! Ihre Huthändlerin hat die gleiche Schwäche für den ihren. Aber Sie sind Marquise!« Eine Frau, die ihrem Mann in seine Garnisonsstadt folgt, setzt sich heftiger Kritik aus. Die Liebe eines Ehemannes zu seiner Frau erscheint ebenso lächerlich und unwürdig wie seine Eifersucht. War die Ehe in früheren Zeiten eine Eisenkette, so hängt sie jetzt nur noch an wenigen Seidenbändern: »(…) ein

Mann, der seine Frau nicht aus dem Auge lässt, (gilt) als eifersüchtig, und man tadelt ihn darob« (Louis-Sébastien Mercier). Toleranz zählt zu den höchsten Tugenden eines Ehemannes. Ein jeder verschließt freundlich die Augen vor den Eskapaden des Ehepartners. Der auf dem Schoß der Pompadour groß gewordene Herzog von Lauzun antwortet mit Zynismus, als er gefragt wird, was er sagen würde, wenn seine Frau, die er seit Monaten nicht gesehen hat, ihm bekannt gäbe, sie sei schwanger: »Ich schriebe ihr: Ich freue mich sehr, dass der Himmel endlich unsere Verbindung gesegnet hat. Schonen Sie Ihre Gesundheit. Ich werde Sie heute Abend um Ihre Gunst ersuchen.« Und als der alte, an eheliches Unglück gewöhnte Marschall von Richelieu seine Frau in den Armen eines Edelmannes überrascht, bemerkt er: »Denken Sie nur, Madame, in welcher Verlegenheit Sie gewesen wären, wenn jemand anders als ich hereingekommen wäre!« Das Verhältnis zwischen Voltaire und Émilie du Châtelet besteht quasi mit dem stillschweigenden Einverständnis ihres Gatten. Und als der kranke Voltaire sich bei Madame du Châtelet beschwert, dass sie ihn mit dem feurigen Hauptmann Saint-Lambert betrüge, erwidert die schöne Émilie ruhig und mit gutem Gewissen: »Ich schone Ihre Gesundheit. Sie kennen mein Temperament. Ist es da nicht besser, dass es einer Ihrer Freunde ist, der Sie verdrängt?« Sie ist 42 Jahre alt, und um ihre Leidenschaft zu leben, ist sie zu allem bereit. Denn diese Frauen sind innige Liebhaberinnen, wie die schöne Helena Massalka, Prinzessin von Ligne, die sich in einen polnischen Grafen verliebt und Mann, Kind und Heim aufgibt, um ihm zu folgen.

Zweifellos sind dies aristokratische oder Pariser Sitten, denn Freiheit respektive Ausschweifung setzt Rang, Vermögen, Schönheit und Geist voraus. Treuen Gattinnen und hingebungsvollen Müttern begegnet man in den Provinzstädten und in nicht aristokratischen Kreisen, was die Prinzessin Palatine zu der Feststellung veranlasst: »Wohl findet man bei den Leuten niederen Standes noch gute Ehen, aber unter den Leuten von Rang kenne ich kein einziges Beispiel von gegenseitiger Zuneigung und Treue.« Die glücklichen Ehen lassen sich an einer Hand abzählen. Im letzten Drittel des Jahrhunderts allerdings kommen familiäre Tugenden und mütterliche wie eheliche Liebe wieder in Mode. Pohier gestattet dem Gatten in einer 1776 verfassten Abhandlung über die Autorität des Ehemannes, »eine gewisse Strenge in seiner Ehe zu gebrauchen«. Im Gegenzug zu den Skandalen der müßiggängerischen Aristokratie bemüht sich die politische Elite um einen tadellosen Lebenswandel, und das Beispiel der Maurepas, der Necker oder der Vergennes zeigt, dass es auch gute Ehen gibt. Ein kleines, 1784 anonym veröffentlichtes Büchlein schlussfolgert: »Glückliche Verbindungen sind selten, das ist wahr. Aber es gibt noch ein paar, sogar in der Hauptstadt (...). Beispiele häuslicher Tugenden finden sich fast ausschließlich im Bürgertum und vor allem unter den Geschäftsleuten.«

Wie ein Perser den eifersüchtigen Ehemann sieht

Die Franzosen sprechen fast niemals von ihren Frauen: Sie haben nämlich Furcht, von ihnen vor Leuten zu sprechen, die sie besser kennen als sie selbst.

Es gibt unter ihnen sehr unglückliche Leute, die niemand tröstet: das sind die eifersüchtigen Gatten. Es gibt welche, die alle Welt hasst: das sind auch die eifersüchtigen Gatten. Es gibt andere, die alle Männer verachten: das sind ebenfalls die eifersüchtigen Gatten.

(...) Ein Gatte, der seine Frau für sich allein beanspruchen wollte, würde als ein Störenfried der öffentlichen Freude angesehen werden, als ein Unsinniger, der sich des Sonnenlichtes unter Ausschluss der übrigen Menschen erfreuen wollte.

Hierzulande ist ein Mann, der seine Frau allein liebt, einer, der nicht Vorzüge genug besitzt, um sich auch noch die Liebe einer zweiten zu erringen; der den gesetzlichen Zwang missbraucht, um die ihm fehlenden angenehmen Eigenschaften zu ersetzen (...).

Montesquieu,
Persische Briefe, Brief 55

Predigt und Trost für die Gehörnten

Die Beziehung zwischen den Geschlechtern ist seit jeher Gegenstand von Satiren und versorgt besonders die von einem breiten Publikum gelesenen Kolportageromane mit deftigen Geschichten. Der »zufriedene Gehörnte« ist im 18. Jahrhundert ein beliebtes literarisches Motiv, das unter anderem in Form einer »Predigt« gestaltet wird. Das Gehörntsein ist kein Übel, wie man gemeinhin glaubt, ermahnt der Prediger. Unter der Bedingung, dass man Augen und Ohren halb verschließt und nicht lächerliche Verdächtigungen nährt, erlaubt es sogar, das Nützliche mit dem Angenehmen zu verbinden: Denn die Gattin verdoppelt ihre Aufmerksamkeiten, ihren Respekt und ihre Zärtlichkeiten, um ihren Fehltritt vergessen zu machen. Der Liebhaber überhäuft den Ehemann mit Geschenken, bietet einen Dienst oder eine Anstellung an, bringt köstliche Speisen. »Messieurs, wie viele Gehörnte tragen Hörner in Fülle! Wird dies vermeintliche Unglück nicht von den besten und erlauchtesten Männern geteilt? Schauen Sie sich in allen Ständen, in allen Berufen um, Sie haben Gefährten jeden Ranges, jeden Landes, jeder Art.« Und der Prediger schließt: »Ich ermahne Sie, im Schutze Ihrer Hörner lange die Ruhe mit der Glückseligkeit zu genießen, die ich Ihnen wünsche. Amen.«

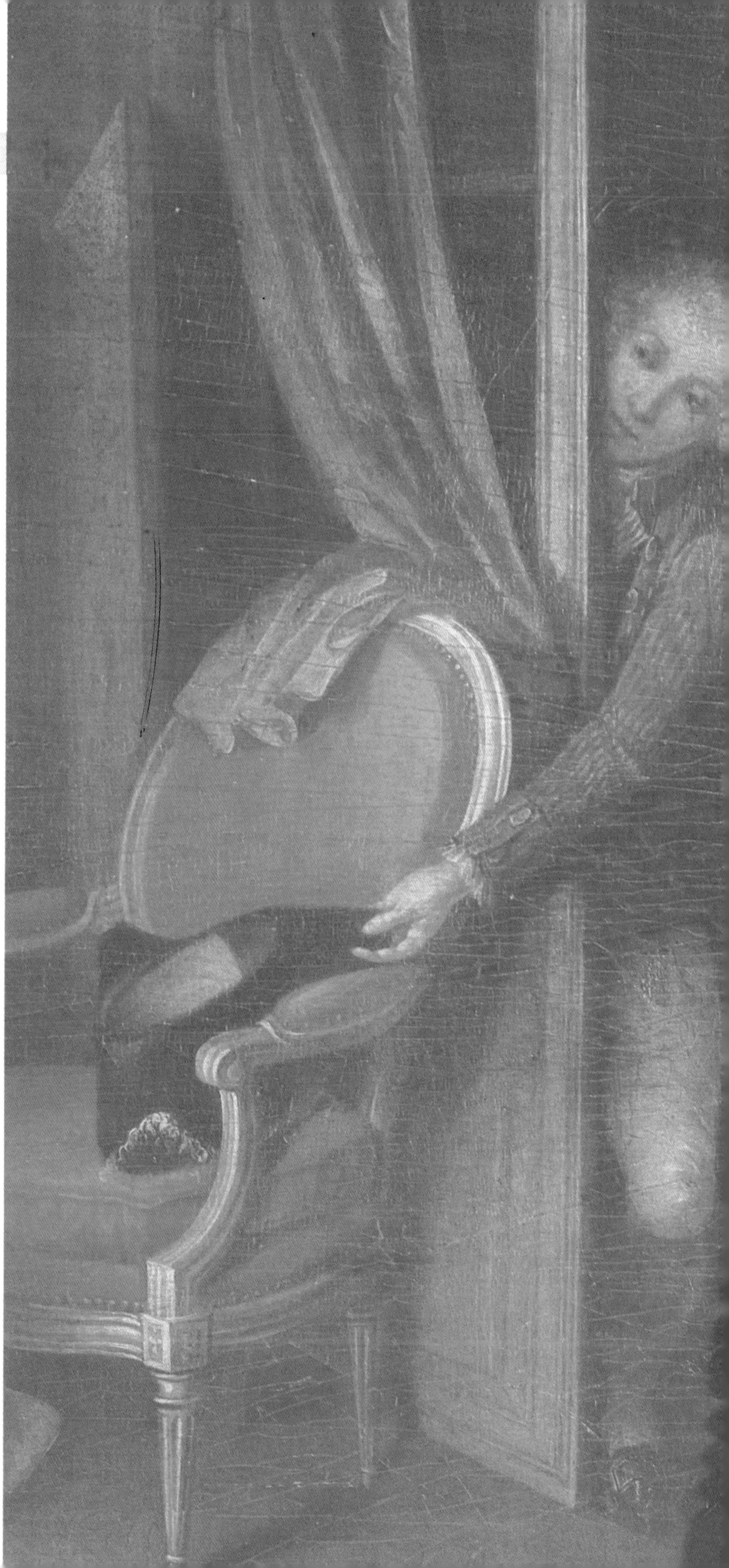

Links und rechts: L'Indiscret *(Der Neugierige) und* Le Départ précipité *(Der überstürzte Abgang), Schule von Boilly. Galanterie und Vorsicht im Stile des 18. Jh.s: nichts als halbgeöffnete Türen, verstohlene Gesten, heimliche Blicke. Die großen Leidenschaften sind selten geworden.*

Vom Prozess wegen Ehebruchs zur gütlichen Trennung

Im Laufe der ersten 14 Regierungsjahre Ludwigs XVI. wendet sich nur vier Mal ein betrogener Ehemann in seinem Unglück an das Pariser Gericht. Diese Zahl gilt in etwa auch für die vorausgegangenen und die folgenden Jahrzehnte. Juristen beklagen den Sittenverfall: »Ehebruch wird als Schelmenstreich betrachtet!«, empört sich Jean-François Fournel. Und Daniel Jousse fordert: »Es wäre zu wünschen, dass dieses Verbrechen strenger bestraft würde, als es heute geschieht; zweifellos wäre es dann nicht so verbreitet. (...) Die Bestrafung wird Gott allein überlassen.« – Zuweilen jedoch auch den erzürnten Ehegatten, die Szenen nicht fürchten: Die in den Schauspieler Clairval verliebte Madame de Stainville wird im Ballkleid aufgegriffen und auf Befehl ihres Ehemannes gewaltsam zu den Nonnen von Sainte-Marie in Nancy gebracht. Der Gatte ist nicht nur seiner Frau, sondern auch seiner Mätresse wegen eifersüchtig, der Opernsängerin Mademoiselle de Beaumesnil, die denselben Liebhaber hat. Auch Madame d'Hunolstein wird von ihrem griesgrämigen Gatten in ein Kloster gesperrt, doch wird sie bekehrt: Als ihr Gatte sie während der Revolution wieder zu sich holen will, entscheidet sie sich dafür, ihr Büßerleben fortzusetzen. Mitunter bringt ein königlicher Haftbefehl *(lettre de cachet)* eine Unglückliche in das Kloster Bon Pasteur, eine Art Besserungsanstalt. Oder aber der überdrüssige Gatte verschwindet einfach unauffällig, so wie Monsieur du Deffand.

Zumeist aber zieht ein Paar von Welt den Anschein des freundschaftlichen Einvernehmens der lächerlich wirkenden Eifersucht vor. Kommt es nämlich zum Prozess, hat der Liebhaber viel eher die Lacher auf seiner Seite als der betrogene Ehemann. Pierre Bayle beklagt die Häufigkeit des Ehebruchs und erzählt von den Missgeschicken eines alten Mannes, der den Fehler begeht, eine sehr junge Frau zu heiraten, die sich, nun reich geworden, Liebhaber nimmt, woraufhin der Gatte den noch größeren Fehler begeht, sie gerichtlich zu belangen. Der Unglückselige lässt sich trotz kluger Ratschläge seiner Familie aus Wut und Verzweiflung dazu hinreißen. Die Gattin wählt einen brillanten Advokaten, den sie mit ihren Reizen entlohnt. Während zweier Sitzungen werden die Parteien gehört. Gewandt hält der junge verführerische Advokat sein Plädoyer, und das »Hornvieh« wird nach der Verhandlung von Schaulustigen gebührend begrüßt. Bayle bemerkt: »Müsste die Justiz sich mit allen Ver-

Vorhergehende Doppelseite: L'Odalisque brune *(Die brünette Sklavin), François Boucher (1703–1770).*

Rechts: Der Riegel, *Jean-Honoré Fragonard (1732–1806). Suggestives Symbol: Der Liebhaber behält noch einen ausreichend kühlen Kopf, um die Tür zu verriegeln.*

Oben: Constat d'adultère *(Die amtliche Feststellung des Ehebruchs), Stich von Nicolas Ransonnette (1745–1810). Des Ehebruchs überführt, der Justiz ausgeliefert: für den Rest ihres Lebens wird sie ins Kloster gesperrt.*

Rechts: Le Repentir tardif *(Verspätete Reue), Niclas Lavreince (1737–1807). Die Lust verfliegt, das Schuldgefühl bleibt …*

»Wie viele Frauen werden hinter Gefängnis- oder Klostermauern für ein Liebesspiel bezahlt haben, dessen Regeln von Männern aufgestellt wurden!«

wirrungen dieser Art befassen, wäre sie nicht ausreichend, und die Advokaten und Staatsanwälte würden auf unsere Kosten zu den reichsten Männern des Königreiches!« François-Amédée Doppet gibt eine lustige Beschreibung von dem Geschehen im Verhandlungssaal: »Die Frau verteidigt sich, indem sie über die Sache Späße macht; Schreiber, Gerichtsdiener, Staatsanwälte, Protokollführer, Advokaten, Berichterstatter, kleine Richter, große Richter etc., der ganze Saal lacht. Zu guter Letzt wird die Frau für unschuldig erklärt, und der Ehegatte ist wie stets der Hahnrei.« (*Traité du fouet,* Traktat über die Peitsche, 1788) Genügt das Lachen nicht, kann die Frau immer noch Tränen vergießen, um das richterliche Wohlwollen auf ihre Seite zu ziehen.

Mit dem Rückgang der Ehebruchsklagen ist ein Anstieg der gesetzlich bewilligten Trennungen zu verzeichnen. Zahlreiche Frauen fordern vom Richter, er möge ihnen ihre Freiheit zurückgeben. Wenn schon der Ehebruch des Gatten nicht ausreicht, um eine ordnungsgemäße Trennung zu erreichen, so werden immerhin Misshandlungen als rechtswirksamer Grund anerkannt. Die beiden Ehegatten, so stellt Mercier scherzhaft fest, »brauchen sich nur vor zwei Zeugen gegenseitig auf die Wange zu schnipsen, und das Gericht trennt sie sofort.« Solange der Partner lebt, dürfen sie jedoch nicht wieder heiraten. Bis das Gericht zu einer Entscheidung kommt, werden die Klägerinnen aufgefordert, sich in speziell dafür vorgesehene Klöster zurückzuziehen. Die Frauen dürfen allerdings täglich das Kloster verlassen und Besuch empfangen. Während die Anwälte in ihrer Eloquenz wetteifern, stehen sich die Klägerinnen gegenseitig bei, erzählen einander ihre Geschichten und ergreifen Partei für die Gefährtinnen im Unglück. Mercier, entschiedener Befürworter des Scheidungsrechts, kritisiert, dass die bestehende Gesetzgebung die Trennung, aber nicht die Scheidung zulässt, also »dem Staat zwei nutzlose Wesen übergibt und sie der Libertinage ausliefert«; ein Drittel der Pariserinnen seien bereits Konkubinen. Bald wird die Französische Revolution den Frauen das Recht auf Scheidung zuerkennen. Aber wie viele Frauen werden bis dahin hinter Gefängnis- oder Klostermauern für ein Liebesspiel bezahlt haben, dessen Regeln von Männern aufgestellt wurden!

Romantik und Engelsgleichheit

»Oh Gott, mein Mann!«

Die Liebe bringt Poesie in das eher prosaische Leben. Sie ist das große Geschäft der Frauen. »Die Frauen haben kein Dasein außer der Liebe. Die Geschichte ihres Lebens beginnt und endet mit der Liebe«, behauptet Germaine de Staël. Wer Liebe meint, meint nicht unbedingt Heirat, obgleich sich im Laufe des 19. Jahrhunderts allmählich die Neigungs- gegenüber der Zweckehe durchsetzt. George Sand erklärt: »Die Liebe hat in der Ehe nur für Zärtlichkeit zu sorgen und nicht für das, was unsere Romane Liebe nennen, nämlich Liebe auf den ersten Blick, Schlaflosigkeit, Eifersucht, ungerechte Verdächtigungen, unerträgliche Herrschaft …« In dem Moment, in dem die Liebe wichtiger wird als Ordnung und Vernunft, gewinnt das Imaginäre, die Welt der Fantasie und des Gefühls, an Bedeutung und verleiht der Wirklichkeit ein neues Antlitz.

Niemals zuvor wurde so viel über den Ehebruch geschrieben: Neben dem literarischen Diskurs gibt es den medizinischen, den ökonomischen, den juristischen und den politischen Diskurs. Theaterstücke, Romane und Feuilletons erreichen Millionen von Menschen, und die darin verbreiteten Geschichten bringen die bürgerliche Moral ins Wanken. Die Frauen und Fräuleins der Bourgeoisie vertrauen ihre Gefühle Tagebüchern an, Feministinnen fordern die Geschlechtergleichheit. Die utopischen Philosophen bekämpfen das »Paar«, dessen Zerrüttungskrieg die glückstrahlende Gesellschaft bedroht, die zu errichten sie sich erträumen. Um dem Ehebruch vorzubeugen, verfassen Mediziner Abhandlungen, in denen sie Ehemänner mit Ratschlägen überschütten. Und die Zeitungen berichten von den neuesten Eifersuchtsdramen. Kurz: Vom ernsthaftesten Zeitgenossen bis zum größten Spaßvogel hat jeder seine Beobachtungen und Erfahrungen gemacht und glaubt nun, ein Wörtchen mitreden zu können.

Rechts: *Amtliche Feststellung des Ehebruchs, Ende 19. Jh. Bei Morgengrauen erscheinen die Gerichtsvollzieher, um den Beweis der Untreue zu erbringen. Solche Amtshandlungen sind nach der Wiedereinführung des Scheidungsgesetzes 1884 sehr häufig. Das Gesetz erlaubt bei Ehebruch die Auflösung der Verbindung.*

Die Bestimmungen des *Code Napoléon*

Nur der juristische Diskurs zeigt kaum Spuren der veränderten Verhältnisse: Die Frau bleibt minderwertig und »Eigentum« ihres Mannes. Die gesetzlichen Bestimmungen über den Ehebruch entsprechen in fast allen Punkten den vorhergehenden, außer dass der *Code Napoléon* (die Gesetzgebung Napoleons I.) den Ehebruch als einen von drei gültigen Scheidungsgründen – bevor das Recht auf Scheidung 1816 wieder abgeschafft wird – anerkennt. Nach wie vor steht die Frau schuldig zwischen Ehemann und Liebhaber. Die umgekehrte Konstellation, zwei Frauen und ein Mann, stellt dagegen kein eigentliches Vergehen dar, sondern beweist nur eine gesunde männliche Konstitution. Der *Code civil* (bürgerliches Gesetzbuch) von 1804, der die in der Revolutionsgesetzgebung schlecht weggekommene Institution Ehe wieder aufwerten möchte,

schreibt deutlicher als die früheren Gesetze eine Ungleichheit der Geschlechter fest. Der Ehebruch der Frau wird in familiärer und gesellschaftlicher Hinsicht weiterhin als schwerwiegender angesehen als der des Mannes: Zwar sind die Eheleute zu gegenseitiger Treue verpflichtet (Art. 212), doch hat der Mann nur mit einer Verurteilung zu rechnen, wenn er seine Geliebte im ehelichen Heim einquartiert und unterhalten hat (Art. 230). Ansonsten und anderswo hat er demnach alle Freiheiten. Alles, was das Gesetz von ihm verlangt, ist, so spottet Ernest Legouvé 1849, »nach der Ausgangssperre seine Mätresse nach Hause zurückzubringen«.

Der Ehebruch ist in Frankreich – bis zu seiner »Entkriminalisierung« im Jahre 1975 – ein Rechtsbruch, der vom 1808 verabschiedeten *Code pénal* (Strafgesetzbuch) geahndet wird. Aber während die für schuldig befundene Frau damit rechnen muss, drei Monate bis zwei Jahre in eine Besserungsanstalt gesperrt zu werden (Art. 337) – wobei das durchschnittliche Strafmaß ein halbes Jahr faktisch nicht übersteigt –, erwartet den Ehemann lediglich eine Geldstrafe von zweitausend Francs.

Der *Code civil* von 1804 stellt die frühere Machtstellung des Mannes wieder her und gewährt ihm noch zusätzliche Rechte: Ein Mann kann eine Klage gegen seine Frau jederzeit zurückziehen, einer Frau hingegen ist das nicht möglich. Überdies sind Vaterschaftsermittlungen strengstens verboten (Art. 320), und der Ehemann hat das Recht des *pater familias* über alle von seiner Frau zur Welt gebrachten Kinder. Die letzte aus vergangenen Jahrhunderten geerbte Ungerechtigkeit lautet: »Der Totschlag, den ein Gatte an seiner Gattin wie an ihrem Komplizen begeht, ist entschuldbar, wenn dieser jene im gemeinsamen Haus auf frischer Tat ertappt.« Den Ehemann erwarten in diesem Fall, sofern er nicht sogar freigesprochen wird, ein bis drei Jahre Gefängnis, während die Gattin für das gleiche Vergehen wegen Totschlags belangt wird (Art. 324).

Oben: Elle y entre, elle en sort *(Vorher, nachher), Lithografie nach Émile Wattier (1800–1868). Die Frau wendet sich an eine geheime Adresse, um sich von der Frucht ihrer verbotenen Liebe befreien zu lassen.*

Trotz der Gesetzesstrenge und einer Rechtsprechung, die unglücklich verheirateten Frauen keinen Ausweg lässt, verändert sich die Geisteshaltung allmählich. Am Ende des 19. Jahrhunderts sieht das Bürgertum aus Angst vor einem Skandal zunehmend von gerichtlichen Schritten ab, und es sind vor allem einfache Familien, die prozessieren. Auf Ehebruch beruft sich ein betrogener Ehemann beinahe nur noch, wenn er eine Trennung von Tisch und Bett erwirken will (oder nach 1884 eine Scheidung). Angesichts des offenkundigen Delikts oder zumindest eines unzweideutigen Beisammenseins des Paares stellt der Polizeikommissar amtlich den Ehebruch fest. Kraft dieser Rechtsverletzung erlangt der geschädigte Partner teilweise seine Freiheit zurück.

»Oh Gott, mein Mann!« An diesem entsetzten Schrei der Ehefrau, die von ihrem Gatten im Morgengrauen mit dem Liebhaber in den zerknitterten Laken eines warmen Bettes überrascht wird, ergötzten sich von Eugène-Marin Labiche über Georges Feydeau bis zu Georges Courteline zahllose Komödienschreiber … In der Realität aber ist die Schmach mit acht Tagen Gefängnis und einer Geldstrafe von einigen Francs abgegolten. Zuweilen inszeniert das Ehepaar auch einen Ehebruch.

Unten: *»Gott, wie sehr er Monsieur ähnelt!«, Karikatur von Jean-Ignace Grandville (1803–1847),* Metamorphosen des Tages. *Der gehörnte Papa ist Vater eines Vogels …*

Minotaurus oder die *Physiologie der Ehe*

Nach der Französischen Revolution und den Napoleonischen Kriegen gewinnt die Ehe wieder an Bedeutung. Man muss sich nur die Korrespondenz aus der Zeit der Restauration und der Julimonarchie ansehen, um sich von dem Stellenwert der Familienwerte zu überzeugen. Bis zum Zweiten Kaiserreich sind die Franzosen das fruchtbarste Volk Europas. Die Romane von Octave Feuillet stimmen eine Hymne auf die Ehe an. Gleichwohl und trotz des Schutzes durch Justiz und Kirche muss die Ehe erneuten Angriffen standhalten. Viele Beobachter stellen fest, dass die jungen Mädchen zwar streng beaufsichtigt würden, die Frauen sich aber emanzipierten, sobald sie verheiratet seien. In England und Deutschland dagegen herrsche die umgekehrte Situation; als Gattinnen gerieten die zuvor freien Frauen »in die strengste Abhängigkeit und unter die ängstliche Obhut ihres Gemahls« (Heinrich Heine).

Minotauros nennt Honoré de Balzac das Ungeheuer, dem tagtäglich jene Ehemänner zum Opfer fallen, die ihre Frau nicht vom Ehebruch abzuhalten vermögen. Der Minotauros lauert seiner Beute auf, und nach den Flitterwochen dauert es nicht lange, bis der Gatte »minotaurisiert« wird: Dies ist die traurige Feststellung, die Balzacs 1829 veröffentlichter *Physiologie der Ehe oder Philosophisch-eklektische Betrachtungen über Glück und Unglück der Ehe* zugrunde liegt. Der Autor will Ehemännern helfen, auf dem ehelichen Meer zu segeln und die zerbrechliche Barke über Wasser zu halten, die eine Zweckverbindung zwischen einem beruflich stark beanspruchten Bürger und einem wohlerzogenen, unerfahrenen und mit einer guten Mitgift ausgestatteten jungen Mädchen darstellt. Die *Physiologie* geht auf Balzacs ursprüngliche Absicht zurück, ein Gesetzbuch für Ehemänner zu schreiben oder einen Ratgeber über die Kunst,

Oben: Befindet man sich auf Patrouille, sollte man nie das eigene Haus passieren, *Lithografie von Honoré Daumier (1808–1879): Der beschmutzte Saubermann in der Version des 19. Jh.s!*

»Trotz der Gesetzesstrenge und einer Rechtsprechung, die unglücklich verheirateten Frauen keinen Ausweg lässt, verändert sich die Geisteshaltung allmählich.«

»die Ehe vor den Leiden des Frostes und der Hitze (zu) beschützen«. Eine solche Idee ist nicht völlig aus der Luft gegriffen, über das Scheidungsgesetz wird nämlich auch zehn Jahre nach seiner Abschaffung noch viel gesprochen. Zudem erscheinen zahllose Parodien des *Code civil*, wie etwa der *Code conjugal* (Eheliches Gesetzbuch) des Polizeibeamten Horace Raisson, *L'Art de rendre les femmes fidèles* (Die Kunst, die Frauen treu zu machen) von J.-M. Mossé oder die *Grammaire conjugale ou Principes généraux à l'aide desquels on peut dresser la femme* (Ehegrammatik oder Allgemeine Prinzipien, mit deren Hilfe die Frau erzogen werden kann) von Charles Chabot. Hinter der Verve dieser Texte verbirgt sich wohl eine wirkliche Angst vor der Frauenemanzipation, die mit der Revolution in Gang gesetzt, nun aber vorerst wieder begraben wurde. Triebfeder Balzacs sind zweifellos die Erinnerungen an seine Kindheit, als der eifersüchtige Junge erfahren musste, wie sein unehelicher Halbbruder von der meist abwesenden Mutter bevorzugt wurde. Das Thema lässt Balzac nicht los, und kurz nach der *Physiologie der Ehe* verfasst er die didaktische Erzählung *Kleine Leiden des Ehestandes*.

Balzac stellt sich in den Dienst der bürgerlichen Ehe sowie der Ehemänner, deren Frauen mit allen Anzeichen einer heftigen Entzündung unter der Versuchung des Ehebruchs leiden. Unter dem Deckmantel der Scherzhaftigkeit vermerkt der Autor der *Menschlichen Komödie* die psychologischen und moralischen Veränderungen in der Gesellschaft: »Man hat niemals so sehr empfunden, dass die Lust vom Herzen kommt.« Er zeichnet ein kleines Porträt der modernen Frau, deren Empfindungsvermögen durch die Lektüre von Romanen gesteigert ist und die sich »in Gedanken an die Gefahren eines Liebesabenteuers gewöhnt hat«. Diese »anständige« Frau ist aus der Welt der Geschäfte ausgeschlossen. Materiell abgesichert, lebt sie ganz im Reich der Seele. Sie weigert sich, ein Schmuckstück der Salons oder eine »Modedame« zu sein, vermag sich nicht mit dem kleinen prosaischen Eheglück zufrieden zu geben und sucht stets die verwandte Seele: den Liebhaber, der ihre Wünsche errät und erfüllt und sie all das lehrt, »was ihr Ehemann ihr verheimlicht hat«.

Balzac beobachtet ebenso die ehrgeizigen jungen Männer, die sich der Frauen von Welt nicht nur bedienen, um sich in die Freuden der Liebe einweisen zu lassen, sondern mehr noch, um mit ihrer Hilfe die Sprossen der gesellschaftlichen Leiter zu erklimmen: »Ein Mann hat noch niemals seine Geliebte zu seiner Höhe emporheben können; aber eine Frau gibt ihrem Liebhaber stets den gleichen hohen Rang, den sie selber einnimmt. ›Ich kann Prinzen zur Welt bringen, Sie aber werden stets nur Bankerte machen!‹ – das ist eine Antwort, die von Wahrheit sprüht.« Da die meisten Männer mit der Ehe bis zum dreißigsten Lebensjahr warten, gibt es zahlreiche Junggesellen in Paris. Dagegen findet man nur wenige anständige Frauen, die es verdienten, für ein Liebesabenteuer erwählt zu werden. Ein solches Missverhältnis beweist schon statistisch die Unvermeidbarkeit des Ehebruchs. Die Initiation des jungen Mannes durch eine verheiratete Frau ist von Stendhals *Lucien Leuwen* über *Wollust* von Charles-Augustin Sainte-Beuve bis zu Gustave Flauberts *Die Erziehung des Herzens* ein immer wiederkehrendes Thema der Romanliteratur im 19. Jahrhundert.

Folgende Doppelseite: Rolla, *Henri Gervex (1852–1929). Mit dem Blick eines stolzen Siegers und Besitzers betrachtet der Liebhaber die sich hingebende Schönheit.*

Unten: Le Divorce *(Die Scheidung), Gouache von Charles Lesueur, 19. Jh. Das Gesetz vom 20. September 1792 macht aus der Ehe einen bürgerlichen Vertrag und gestattet die Scheidung bei beiderseitigem Einverständnis. 1804 wird das Scheidungsrecht eingeschränkt, bevor es 1816 wieder vollständig abgeschafft wird.*

Oben: La Confrérie des cornards *(Der Verein der Gehörnten). Besagter Verein rekrutiert seine Mitglieder aus der besten Gesellschaft: Richter, Geschäftsmänner …*

Schließlich beschreibt Balzac noch die Gatten, die dazu »prädestiniert« sind, Hörner zu tragen: die Ehemänner, die wegen ihrer Geschäfte und Ämter selten zu Hause sind; die Männer, deren Beschäftigungen ihnen nicht eine freie Minute lassen, freundlich zu sein, und deren zerfurchte Stirnen die Spuren des Kummers zeigen; die Männer, denen niemals einfällt, die zarte Blume, die ihre Frau ist, zu pflegen; die Männer, die rauchen und Tabak kauen; die Schleimspucker, die Gallenkranken, die Schmutzigen, die alten Knacker, die tyrannischen Kleinkrämer, die Verständnisvollen – all diese Typen bevölkern die *Menschliche Komödie* und die »Szenen des privaten Lebens«.

Hat Balzac recht? Andere Zeitzeugen teilen seinen Pessimismus nicht. »Die Treue hat aufgehört, lächerlich zu sein, und die Liebe ist keine Albernheit mehr«, erklärt Charles de Rémusat (*Les Mœurs du temps*, Die Sitten der Zeit, 1827), was eine englische Reisende, Lady Morgan, zu bestätigen scheint: »Seit der Revolution ist die eheliche Liebe sehr viel verbreiteter als früher, und es gibt nun vorzügliche Ehen in Frankreich.« Mit dem Bürgerkönig Ludwig Philipp besteigt eine ganze Familie den französischen Thron und liefert das Beispiel mustergültigen häuslichen Lebens.

Individualismus und wachsender Reichtum

Die mitunter etwas plumpe Satire Balzacs zeichnet gleichwohl ein scharfes Bild der neuen, auf Profit gegründeten Gesellschaft, in der Geschäftsleute, Händler, Industrielle und Bankiers zunehmend die alte Führungselite ersetzen und ein wohlhabender Mittelstand entsteht, der die Lebensart und die galanten Umgangsformen der Aristokratie adaptiert. Während der Julimonarchie beginnt die Herrschaft des Mobiliarvermögens, und gleichzeitig wächst der Individualismus. Jeder Sohn aus adeligem oder bürgerlichem Hause, der in die Stadt geht, kann hoffen, dort Karriere zu machen, in der sozialen Hierarchie aufzusteigen und seine Selbstständigkeit unter Beweis zu stellen. Das Erbe besteht nun aus Geld. Dieses flüssige Gut hat nicht die Bodenständigkeit des Grundbesitzes und trägt daher zur Auflösung der Familie bei. Zwar ist das Ehemodell unantastbar, doch da, wo finanzielle Interessen Gefühlen vorrangig sind, trifft ein jeder bei Bedarf seine Arrangements für ein Doppelleben. In der Zeit zwischen 1835 und 1845 lässt sich eine Zunahme von Trennungsklagen

Die 64 Arten und neun Grade des Gehörntseins nach Charles Fourier

Charles Fourier, dem an einer »neuen Liebeswelt« *(Le Nouveau Monde Amoureux)* gelegen ist, unterscheidet 64 Arten von Gehörnten und teilt sie in Klassen und Grade ein. Die drei größten Klassen bilden: der *cocu,* der »anständige Eifersüchtige, der von seinem Unglück nichts weiß und sich für den alleinigen Besitzer seiner Frau hält«; der *cornette,* der »der ehelichen Liebe überdrüssige Ehemann, der, während er sein Vergnügen woanders sucht, die Augen vor dem Verhalten seiner Frau verschließt und sie freimütig Liebhabern überlässt, unter dem Vorbehalt, von ihr kein Kind anzunehmen«; der *cornard,* der »lächerliche Eifersüchtige, der sich gegenüber der Gattin ungebührlich verhält und wohlunterrichtet ist über ihre Untreue; er ist ein Rasender, der gegen den Urteilsspruch des Schicksals aufbegehren will«. Diese zuletzt genannte Gruppe der Gehörnten ist, gerade weil sie sich ihrem Los widersetzen will, Gegenstand des Spottes. Denn die Ehe ist die »Quelle der Verderbnis« und der Ehebruch die unausweichliche Konsequenz des ausschließlichen ehelichen Besitzanspruches. Selbst die größten Moralapostel machen sich zu guter Letzt »scheinheilig« an fremdem Besitz zu schaffen. In der idealen Gemeinschaft, wie sie sich Fourier vorstellt, herrscht kein Egoismus. Die Mitglieder teilen großmütig untereinander und zeigen höchste soziale Tugenden. Während die bürgerliche Ehe versteckte Polygamie hervorbringt, schafft die freie Liebe, die bis zu extremen, orgiastischen Lustbefriedigungen gehen kann, an den menschlichen Bedürfnissen orientierte harmonische Beziehungen ohne Eifersucht. Gewiss ist sich Fourier bewusst, dass einem solchen Leben ohne Ehebruch einige pikante Geheimnisse genommen wären. Doch stellt er die Erbärmlichkeiten heraus, die die heimlichen Umarmungen begleiten: die Kriechereien des Liebhabers etwa, der das kleine Hündchen der Mutter seiner Dulzinea zu streicheln hat, oder die Zärtlichkeiten, die die Frau ihrem Gatten zukommen lässt, um ihre Untreue zu kaschieren. Mit dieser provokanten Satire will Fourier den Antagonismus der Geschlechter bekämpfen und die Frauen von ihrem gesetzlich autorisierten Unterdrücker, dem Ehemann, befreien.

Unten: La »bonne« et le patron galant *(Die Dienerin und ihr galanter Arbeitgeber), Lithografie von Julien Vallou de Villeneuve (1795–1866). Der bürgerliche Eroberer kämpft an allen Fronten …*

und Ehebruchsprozessen feststellen (Louis Maigron, *Le Romantisme et les Mœurs,* Die Romantik und die Sitten).

Es ist schwierig, die Geschichte der Gefühlsbeziehungen von Paaren nachzuzeichnen. Die Literatur ist an dem Individualisierungsschub und der zunehmend fordernden Haltung der Frauen gewiss beteiligt; die Fiktion erzeugt Realitäten. Theodore Zeldin erklärt in seinen *Passions françaises* (Französische Leidenschaften): »Der Aufschwung des romantischen Ideals führt nicht notwendig zur Entfaltung häuslicher Tugenden.« Im Gegenteil: Die Romantik verherrlicht das Ich, feiert die Leidenschaften, kämpft gegen die dem Individuum auferlegten gesellschaftlichen Zwänge und trägt so dazu bei, den Ehemann in Abenteuer und zu Prostituierten zu treiben. Die tugendhafte, prüde Gattin führt eine würdevolle Herrschaft über das Heim, und Monsieur muss eine Phalanx von Dienstmädchen passieren, um ins Boudoir von Madame zu gelangen. Besitzt sie auch einen Körper, diese entzückende Porzellanfigur aus Meißen, deren geschnürte Gestalt aus einer Flut von Röcken, Schleiern und Spitzen hervortaucht? Edward Shorters Untersuchung *Die Geburt der modernen Familie* zufolge spielt Erotik im Liebesleben des bürgerlichen Paares kaum eine Rolle; dessen Bestimmung ist vor allem, Erben zu zeugen. Zudem sind die Eheleute, wenn die Frau stillt, zu etwa zwei Jahren Enthaltsamkeit verurteilt. Und wie soll eine Frau, die bereits mehrere Kinder großgezogen hat und nur schwerlich die Verhütung bewerkstelligt, freudig die Anstürme ihres Gatten ertragen? Sie verweigert sich diesem »unnützen« Vergnügen und tritt frühzeitig in den sexuellen Ruhestand: »Aber mein Gemahl, in unserem Alter (sie sind vielleicht vierzig), wenn man große Kinder hat, wird das lächerlich.« Daraufhin prophezeit Jules Michelet: »Morgen hat er eine Mätresse.« (*L'Amour,* Die Liebe)

Diese beabsichtigte oder unfreiwillige »Engelsgleichheit« der Ehefrau wird vom Gatten respektiert, führt aber dazu, dass er unbefriedigt ist und sein Glück woanders sucht. Seit Ende des 18. Jahrhunderts scheinen die Liebschaften mit dem weiblichen Dienstpersonal an Attraktivität verloren zu haben, und der Bürger zieht es vor, sich eine Mätresse in einer von ihm eingerichteten Wohnung zu halten und mit ihr ein Halbtagskonkubinat zu führen. Meist ist die Geliebte eine einfache Person, eine Näherin oder Stickerin, eine Witwe oder ein Mädchen ohne Mitgift. Ein solcher Ehebruch überschreitet die Klassengrenzen und bedroht daher die Ehe nicht; die Gattinnen finden sich Alain Corbin zufolge sehr gut mit diesen »Bordellleistungen« ab. Die käufliche Liebe stillt die Triebe des Mannes, und befriedigt kehrt er ins Heim zurück. Besitzt er die finanziellen Mittel, kann er sich auch an Kurtisanen, Halbweltdamen, Grisetten oder Kokotten wenden, bei denen er all das kriegen kann, wovon eine wohlerzogene Ehefrau nichts wissen darf. Der Graf Muffat überlässt sich den professionellen Händen Nanas, und ihm wird bewusst, dass er in zwanzig Ehejahren »noch nie zugeschaut (hatte), wenn die Gräfin Muffat ihre Strumpfbänder anlegte (...).« Nana erklärt unverblümt: »(...) und wären eure Frauen nicht so dumme Puten, so gäben sie sich genauso viel Mühe, euch zu fesseln und zu behalten, wie wir sie uns geben, um euch zu kapern ...«

Das amüsierwütige Zweite Kaiserreich mit seinen Bällen, Theater- und Opernabenden, Salons und Soupers begünstigt den Aufstieg jener »Kameliendamen«, die die einzig für das Vergnügen geschaffene Halbwelt bevölkern, von der Alexandre Dumas (Sohn) erzählt. Mit dem wachsenden Reichtum kommt das leichte Leben. Die Luxusprostitution nimmt zu, und die Kurtisanen, jene wohlerzogenen, geistreichen, exzentrisch gekleideten, aber deklassierten jungen Frauen, werden von einer großen Kundschaft aus Paris und der Provinz frequentiert. Oft sind sie bekannte Schauspielerinnen und leben in den Pariser Vierteln La Madeleine und L'Étoile. Sie verkaufen ihre Reize, verlangen dafür aber in einer Art Rückbezug auf die Werte der Salons von den Männern Courtoisie und Galanterie. Eine Mätresse kostspielig zu unterhalten und eine Liaison öffentlich zur Schau zu stellen gehört zu den Zerstreuungen des guten Geschmacks, die einen jungen Mann in das gesellschaftliche Blickfeld rücken. »Die Frau war ein öffentlicher Luxus«, kommentiert Dumas, »wie Jagdhunde, Pferde und Kutschen.«

Rechts: Le Maître et la Bonne *(Herr und Dienerin), Lithografie von Julien Vallou de Villeneuve (1795–1866). Dem Herrn heißt es zu gehorchen, sonst droht die Entlassung.*

Die schuldige Frau

So hatte sie seit einem Jahr jeden Tag, jeden Abend gegen diese immer größer werdende Besessenheit angekämpft, gegen dieses Wunschbild, das ihre Träume, das ihren Körper verfolgte und ihre Nächte aufwühlte. Sie kam sich gefangen vor wie ein Tier im Netz; sie hatte sich widerstandslos diesem Manne in die Arme geworfen, der sie besiegt und erobert hatte durch nichts als das Haargekräusel auf seiner Lippe und die Farbe seiner Augen. (...)

Mit raschen Schritten kam jemand auf sie zu. Sie wandte den Kopf. Es war ein Priester. Da sprang sie auf, eilte ihm mit ausgestreckten, gefalteten Händen entgegen und stammelte:

»Oh! Helfen Sie mir! Helfen Sie mir!«

Überrascht blieb er stehen:

»Was wünschen Sie, Madame?« (...)

»Nehmen Sie meine Beichte entgegen«, sagte sie, »und raten Sie mir, geben Sie mir Halt und sagen Sie mir, was ich tun muss!«

Er antwortete:

»Ich höre die Beichte jeden Samstag von drei bis sechs Uhr.«

Sie hatte seinen Arm gepackt, presste ihn und sagte immer wieder:

»Nein! Nein! Nein! Jetzt sofort! Jetzt sofort! Es muss sein! Er ist hier! In dieser Kirche! Er wartet auf mich.«

Der Priester fragte:

»Wer wartet denn auf Sie?«

»Ein Mann ... der mich ins Verderben stürzen wird ... der mich ins Verderben stürzen wird, wenn Sie mich nicht bewahren ... Ich kann ihn nicht mehr fliehen ... Ich bin zu schwach ... zu schwach ... so schwach ... so schwach! ...«

Guy de Maupassant, *Bel-Ami*, Zweiter Teil

Rechts: Sarah Bernhardt, *Porträt von Georges Clairin (1843–1919). Aufgrund ihrer Schönheit, ihres Talents und ihrer goldenen Stimme liegen der Diva die Männer zu Füßen.*

Die hemmungslose Jagd nach dem Vergnügen wie die sexuellen Fantasmen schaffen eine Annäherung der Klassen. Damen von Welt und ausgehaltene Frauen begegnen sich auf Einkäufen, in Thermalbädern, in der Oper, der Comédie-Française oder zuweilen auch in bestimmten Salons. Es kommt zu einer Art Osmose der Sitten, die im letzten Drittel des Jahrhunderts zu einer Veränderung der ehelichen Verhaltensweisen beiträgt und die Erotik in das Eheleben einführt. Diese Annäherung beunruhigt Moralisten wie Mediziner. »Bald wollen die anständigen Frauen, die ihren Mann zurückzuholen gedenken, mit den Kurtisanen ringen, indem sie deren Kleidung, Benehmen und Sprache übernehmen«, prophezeit der Mediziner Dartigues. Durch die von der Presse verbreiteten Skandale der Halbwelt und vielleicht auch durch die Flut pornografischer Bilder, die mit dem neuen Medium Fotografie entstehen, entdeckt die bürgerliche Ehefrau das unerschöpfliche Spiel der erotischen Fantasie.

Weibliche Forderungen

Ganz anders steht es in der Gesellschaft des 19. Jahrhunderts mit dem weiblichen Ehebruch. Er gründet sich auf Liebe und übertritt nicht die Grenzen des sozialen Milieus: Der Bankier wird vom Baron betrogen, der Anwalt vom Unterpräfekten, und die Gattin des Postbeamten verliebt sich in den Lehrer. Tot fühlt sich die romantische oder schwärmerische Frau, wenn sie nicht mehr geliebt wird und selbst keine Liebe mehr schenken darf. Die Leidenschaft entschuldigt alles. Sicher, die Verwegenen, die Koketten oder die Erfahrenen geben sich einem draufgängerischen Liebhaber hin, um ihre Verführungskraft zu erproben oder eine günstige Gelegenheit zu nutzen, und legen dabei auf Gefühle wenig Wert. Die Droschke, die Junggesellenwohnung, das edle Bordell sind Austragungsorte des ewigen Spiels aus Widerstand und Hingabe – Guy de Maupassant hat alle Konstellationen dieser außerehelichen Abenteuer skizziert. Aber für die anständige, empfindsame Frau, die einen Ruf zu verlieren hat, ist der Weg zum Ehebruch von Hindernissen gesäumt. Sie muss die wachsame Familie täuschen, ihren Liebhaber heimlich treffen, dem Blick der Concierge einfacher Hotels standhalten, ihre Angst besiegen, die Spuren ihres Fehltritts beseitigen und ihr Glück mit bitteren Momenten der Reue bezahlen – selbst dann, wenn der Ehemann, in seine Abendzeitung vertieft, sie kaum eines Blickes würdigt! Die tugendhafte Frau findet sich nicht leicht mit ihrer Schwäche ab, sie muss ihren Verrat vor sich selbst rechtfertigen: »Um sich noch mehr zu stärken, sich jeder Angst zu entheben, nahm sie sich dann in glühendem Ernste vor, ihn unsinnig zu lieben, ihm ihr Leben hinzugeben, ihr Glück, ihm alles zu opfern – nach der überspannten Logik des bezwungenen, gewissenhaften Herzens, das sich durch Entäußerung und Aufrichtigkeit gereinigt glaubt.« (Guy de Maupassant, *Mont-Oriol*)

Fehlende Liebe, Enttäuschungen und Langeweile sind die häufigsten Gründe für den Ehebruch von Frauen: »Sie rechneten mit Halbgöttern und sind Ehemännern

anheimgefallen, das heißt Eigentümern«, resümiert der Mediziner Auber in seiner Abhandlung über die *Hygiène des femmes nerveuses* (Hygiene der nervösen Frauen, 1841). Man muss die leidenschaftlichen Worte von Germaine de Staël hören, von Hortense Allart, Laure de Berny, Juliette Drouet, Marie Dorval, Louise Colet und von George Sand, diesen großen Liebenden und notorischen Ehebrecherinnen, um zu ermessen, welche Entschuldigungen die Liebe einer schlechten Ehe gegenüber vorzubringen vermag. Feminismus und das Recht auf Liebe: zwei Herausforderungen treffen aufeinander. George Sand, Daniel Stern alias Marie d'Agoult und andere »Löwinnen« haben sich ein männliches Pseudonym zugelegt, um ihrem Protest Gehör zu verschaffen. Einige von ihnen fordern mit den Sozialisten und Saint-Simonisten die Wiedereinführung des Scheidungsrechts und die Gleichheit der Geschlechter. Sie kämpfen vor allem gegen eine gesellschaftliche Institution, mit der sich ihr Freiheitsdrang nicht abfinden kann: »Für mich ist die Ehe eine der barbarischsten Einrichtungen, die die Gesellschaft entworfen hat«, pflichtet eine Frau in George Sands *Jacques* der Empörung der jungen Revolutionärin Claire Demar bei, die die Ehe für »gesetzlich erlaubte Prostitution« hält.

In der kapitalistischen Gesellschaft des 19. Jahrhunderts mit ihrer egoistischen Moral gründet die bürgerliche Ehe auf finanziellen Erwägungen. Frauen ohne Mitgift werden in illegitime Verbindungen getrieben, mittellose zur Prostitution. Flora Tristan geht nach einer gescheiterten Ehe nach London und prangert die schuldige Heuchelei auch des englischen Ehemannes an, der seine Frau als Möbelstück betrachtet und »mit seinem Dienstmädchen schläft, es hinauswirft, wenn es schwanger ist, und sich für nicht schuldiger hält als Abraham, der Hagar und seinen Sohn Ismael in die Wüste schickte«.

Links: Louise Colet, *1850. Die blonde, leidenschaftliche, stets auf ihren Vorteil bedachte Schöne war die Geliebte von Gabriel Cousin, Alfred de Musset und Gustave Flaubert. Weil der Humorist Alphonse Karr sie kritisierte, stieß sie ihm ein Messer in den Rücken.*

Rechts: Lola Montez, *um 1860. Diese Abenteurerin verführte König Ludwig I. von Bayern.*

Folgende Doppelseite: Liszt au piano *(Liszt am Piano), umgeben von Alexandre Dumas, Alfred de Musset, Victor Hugo, George Sand, Niccolò Paganini, Gioacchino Rossini und Marie d'Agoult. Letztere ging mit Franz Liszt eine leidenschaftliche Verbindung ein.*

Im Auftrage Conr. Graf's

Der neue medizinische Diskurs

Im letzten Drittel des Jahrhunderts werden der Ehebruchsakte durch den medizinischen Diskurs, der den Aspekt der körperlichen Liebe hervorhebt, pseudowissenschaftliche Erkenntnisse hinzugefügt. Wie viele missglückte Ehen sind Gatten zu schulden, die nicht die Stimmungen und das Wesen ihrer Frau kennen! Großen Erfolg hat *La Petite Bible des jeunes époux* (Die kleine Bibel der jungen Ehemänner, 1885) des Mediziners Montalban. Ohne die traditionellen Moralvorstellungen zu verletzen, versucht der Autor in schamhaften Worten, Regeln für die ehelichen Umarmungen aufzustellen und eine sexuelle »Hygiene« einzuführen, die es dem Mann ermöglicht, seine junge Gattin zur Lust zu führen: »Das Vorgehen muss langsam und innig sein, die Umarmung sanft.« Nicht, dass die Medizin sich um das weibliche Begehren sorgte – der herrschende Diskurs, der die erfahrene Frau mit der Prostituierten gleichsetzt, behält seine Gültigkeit. Aber die nervöse, unbefriedigte Frau beunruhigt die Ärzteschaft ebenso wie die Gesellschaft. Im Hinblick auf eine gesunde Zeugung versuchen die Männer der Zunft, die Liebesbeziehungen innerhalb einer guten Ehe zu kodifizieren – der Verfall der Sitten bedroht die Fortpflanzung der Art.

Es beginnt mit der Wahl der Gattin. Eine bewegliche Gestalt, große lebendige Augen, üppige Brüste, volle Lippen und runde Hüften deuten auf eine dem Geschlechtsakt zugeneigte Frau hin, deren feuriges Temperament den Ehemann leicht zum Gehörnten macht – die Untreue liegt ihr gleichsam in den Genen. Zwischen der frigiden Frau, der Nymphomanin und der von uterinen Rasereien heimgesuchten Hysterikerin hat die Medizin einige Schwierigkeiten, ein ausgeglichenes Temperament zu definieren und als Norm auszugeben. Den Hygienikern wird nun bewusst, dass die erste Ehenacht, vom Mann als stürmischer Angriff oder gar Vergewaltigung absolviert, der Frau Schrecken und Abscheu zufügen und damit der künftigen Zweisamkeit schaden kann. Und schließlich bekämpft die Medizin die sexuelle Maßlosigkeit der den traditionellen Zuschreibungen zufolge unersättlichen und unbegrenzt orgasmusfähigen Frau. Eine maßvolle, beruhigte Sexualität – zweimal die Woche – ist eine Garantie für Treue. Eine erblühte Frau wird demjenigen, der sie eingeweiht hat, gehorchen und ergeben sein, während die Frau, die sich aus Widerwillen und Angst verweigert, ihren Mann in die Arme einer anderen treibt.

Der Mediziner Dartigues versucht in seiner Abhandlung *De l'amour expérimental ou des causes de l'adultère chez la femme au XIXe siècle* (Von der experimentellen Liebe oder den Gründen für den Ehebruch bei der Frau im 19. Jahrhundert, 1887),

Links: Der Ursprung der Welt, *Gustave Courbet (1819–1877). Der tiefe, dunkle Kontinent des Ewig-Weiblichen. Das Gemälde war lange Zeit in der Wohnung eines bekannten französischen Psychoanalytikers versteckt.*

Das Waterloo der Frauen: die Syphilis

Jahrhundertealt ist die Phrase, wonach die Krankheit die Strafe für ein Vergehen sei. Die Syphilis, dieses, wie Balzac sagt, »Waterloo der Frauen«, bestraft ein sittenloses, lasterhaftes Leben. Verhütungsmittel, Spritzen und *coitus interruptus* sind vor allem für die Zügellosigkeit im Sexualleben verantwortlich, und natürlich wird die Syphilis durch geschlechtliche Ausschweifung verursacht. Sie entstellt die Erkrankten. Der Marquis d'Argenson bemerkt im 18. Jahrhundert die Stigmata auf dem Gesicht vieler junger Aristokratinnen: »Dieses ganze Leben wäre recht hübsch, käme nicht so rasch die Syphilis ins Spiel, die all diese schönen Damen grauenerregend macht, solcherart, dass sie innerhalb von drei Jahren von den prächtigsten Blumen zu abstoßenden Hagebutten werden und ihre Rasse kümmerliche Junge wirft.«

Die proportional zur Prostitution zunehmende Lustseuche verbreitet sich auf unerbittliche Weise: Die Ehemänner stecken ihre unschuldigen Frauen an. Vom Arzt wird die größte Diskretion verlangt, und mitunter wird er angehalten, der Kranken die Wahrheit zu verschweigen, selbst auf die Gefahr hin, sie dann nicht heilen zu können; es ist, »als würde er dem Ehemann ein Eigentumsrecht zuerkennen und sogar ein Recht über Leben und Tod seiner Frau« (Yvonne Knibiehler, *La Femme et les médecins,* Die Frau und die Mediziner). Die Infektion eines tugendhaften durch einen »kriminellen« Ehepartner stellt eine der »schweren Beleidigungen« dar, die das Gericht als Trennungsgrund anerkennt. Doch der Ehemann begeht ein Verbrechen nur, wenn er weiß, dass er ansteckend krank ist, wohingegen die Gattin immer schuldig ist: »Ist es bewiesen, dass die Geschlechtskrankheit durch die Frau ins Ehelager gebracht wurde, stellt das, weil es beinahe unmöglich ist, darin nicht einen Beweis für Ehebruch und eine blutige Kränkung des Ehemannes zu sehen, notwendig eine schwere Beleidigung dar.« (Legrand de Saulle, *Traité de médecine légale,* Abhandlung über Gerichtsmedizin)

Die durch medizinische Schriften und die Beschreibung der entsetzlichen Symptome genährte Angst vor Geschlechtskrankheiten erfasst am Ende des Jahrhunderts die gesamte Gesellschaft und dämpft mit Sicherheit die Lust zu außerehelichen Beziehungen.

Vorhergehende Doppelseite:
Pinel befreit die Irren aus den Ketten, *Robert Fleury (1797–1890). Hysterie oder »Atemnot der Gebärmutter« galten gemeinhin als Gründe für sexuelle Ausschweifungen von Frauen.*

die physiologischen Gründe des Ehebruchs vom sexuellen Verhalten der Frau her zu analysieren. Das Werk geht von der Feststellung aus, die moralische Beschaffenheit der Frau leite sich von »der angeborenen Schwäche ihrer Organe« ab, die wiederum für die Zartheit der weiblichen Formen und Gefühle verantwortlich sei. Der Ehemann müsse sich der von zwei gegensätzlichen Antrieben – Schamhaftigkeit und Gefallsucht – bestimmten Natur seiner Frau bewusst sein sowie der Gefahren, die hierdurch die Beziehung bedrohen. Er hüte sich davor, sich von ihren Fantasien, die ohne Bezug zu ihren wirklichen Bedürfnissen sind, mitreißen zu lassen, denn »die Einbildung entzündet sich leicht« und errege unnötig die Sinne: »Das ungestüme Feuer der Fantasie belastet die jungen Ehen.« Der Gatte begehre nur in Maßen den Beischlaf, denn »die unbesonnene Verschwendung der Samenflüssigkeit« entweihe den Akt und schade der Empfängnis. Abschließend äußert sich Dartigues weitschweifig über die weibliche Unersättlichkeit. Etwa um das Zwei- oder Dreifache, heißt es, übertreffe der sexuelle Hunger der Frau den des Mannes: »Es ist ganz offensichtlich, dass die

Frau mehr Anstürmen standzuhalten in der Lage ist, als der Mann auszuführen vermag«, da sie sich weniger verausgaben muss! Die Wechselhaftigkeit ihrer Empfindungen schließe natürlich deren Dauerhaftigkeit aus. Der Gatte befolge die besagten Ratschläge, um die Wünsche seiner jungen Frau nicht zu enttäuschen, denn »die meisten Frauen, die die Ehe brechen, werden durch Ehemänner dazu getrieben, die ihre Gattenpflicht nur in ungenügender Weise erfüllen«.

Die Mediziner sind bemüht, das innere Ungleichgewicht einer sexuell unbefriedigten Frau zu beheben, und sie betrachten dabei ihre Tugenden und Laster allein als moralischen Ausdruck ihrer physiologischen Verfasstheit. Seit der berühmten *Abhandlung von der Erzeugung der Menschen* (1687) von Nicolas Venette, der das partnerschaftliche Verständnis als Voraussetzung einer Ehe ansieht und die sensiblen Zonen des weiblichen Körpers benennt, raten Mediziner den Ehemännern, sich zu der Gattin wie zu ihrer Mätresse zu verhalten. Doch in keiner dieser Abhandlungen wird Frauen das Recht zugesprochen, die Initiative zu ergreifen. Der weibliche Orgasmus ist stets beunruhigend, und es obliegt dem Ehemann, die Situation unter Kontrolle zu behalten. Die Begattung hat »ohne Raffinesse und Kunstgriffe« in der heiligen Stätte des Schlafzimmers stattzufinden, vorzugsweise am Morgen, in völliger Dunkelheit, um den Blicken nicht die geringste Nacktheit feilzubieten. Die Harmonie eines Paares besteht aus dem durch eine kluge Ökonomie herzustellenden Gleichgewicht zwischen Spermafluss und weiblicher Lust. Die »eheliche Onanie«, Posen und Perversionen sind selbstverständlich strengstens untersagt, weil sie der moralischen und körperlichen Hygiene zuwiderlaufen. Nun triumphiert die viktorianische Moral in Europa.

Oben: La Nuit de noces *(Die Hochzeitsnacht): Alles ist bereit für das Opfer!*

Possen und Realitäten

Während für die höheren Gesellschaftsschichten der Ehebruch einen beliebten und eleganten Zeitvertreib darstellt, ist er in den mittleren und unteren Klassen nicht sehr verbreitet. Für die Arbeiterklasse gibt es keine genauen Statistiken, und die Aussagen der Historiker sind oftmals widersprüchlich. Die Industrialisierung, die zahllose Familien dem bäuerlichen Leben entreißt, trägt zur Zerschlagung des klassischen Ehemodells bei. Während die ländliche Bevölkerung noch an die Tradition gebunden bleibt, gibt es in den anwachsenden Städten im Zusammenhang mit der Entstehung eines breiten Proletariats eine Zunahme an vorehelichen Beziehungen und Prostitution. Wo die Gehälter am niedrigsten sind, ist das Konkubinat am verbreitetsten, sind die Eheschließungen am seltensten oder werden am längsten hinausgezögert. Innerhalb des Bürgertums jedoch verstärkt das neue Modell der Kernfamilie die häusliche Intimität und trägt damit zur Entwicklung einer Ehekonzeption bei, deren wesentliche Elemente emotionale Verankerung und ein glückliches Liebesleben sind. Am Ende des Jahrhunderts werden zunehmend mehr Liebes- als Zweckehen geschlossen. Auch das »Recht auf Orgasmus« für Frauen, das in französischen Schriften über die Ehe Edward Shorter zufolge etwa ab 1910 gefordert wird, festigt die Bande zwischen den Gatten.

Natürlich wird das Motiv des Ehebruchs und der wilden Ehe auch vom Theater aufgegriffen. Der triumphale Erfolg der burlesken und oft schlüpfrigen Komödien von Maurice Desvallières und Georges Feydeau zeigt das lebhafte öffentliche Interesse an den Dreiecksverwicklungen eines eifersüchtigen Ehemannes, einer gewitzten und koketten Frau und eines anmaßenden Liebhabers. Doch ist in der Farce und dem erlösenden Lachen auch das gesellschaftliche Bedürfnis zu erkennen, die Fantasmen zu bannen. Der Verführer kommt, genau besehen, selten gut weg: Madame Duchotel lässt sich auf die Offerten des Doktor Moricet nur aus Trotz und dem Wunsch nach Rache für die Eskapaden ihres Mannes ein; einen Liebhaber möchte sie keineswegs (*Monsieur chasse*, Monsieur jagt, 1892). Und als der Schürzenjäger die Dame in einer eigens zu diesem Zweck angemieteten Wohnung mit einem feinen Souper empfängt, klatscht sie freudig in die Hände und ruft aus: »Oh! Rebhühner und Krebse! Die isst mein Mann furchtbar gerne!« Die Verführer Feydeaus kennen jederlei Missgeschick. Niemals gelangen sie an ihr Ziel, und immer sind sie die Dummen. Viele Komödienautoren lassen den Gatten im Vergleich zum Liebhaber ausgesprochen gut wegkommen, zeigen Mätressen, die auf die Ehefrauen eifersüchtig sind, oder lösen sogar die Intrige durch ein komplizenhaftes Einvernehmen zwischen Ehemann und Liebhaber auf Kosten der Frau auf.

»Eine bewegliche Gestalt, große lebendige Augen, üppige Brüste, volle Lippen und runde Hüften deuten auf eine dem Geschlechtsakt zugeneigte Frau hin.«

Der Ehebruch des Mannes wird im Leben wie in der Fiktion toleriert. Nur sehr wenige Romane – Dumas d. J. macht da eine Ausnahme – thematisieren die männliche Untreue, und als dramatisches Motiv dient sie fast nie. Die Männer halten es für möglich, ihre Frau zu betrügen und sie trotzdem zu lieben. Der Ehebruch der Frau hingegen beschäftigt die kollektive Fantasie in diesem Jahrhundert in geradezu obsessiver Weise. Die von ihren Gefühlen und Trieben beherrschte Frau bleibt zumeist die gefährliche Schuldige, die, wie Emile Zolas Nana, die ganze Gesellschaft vergiftet …

Rechts: Nana, *Edouard Manet (1832–1883). Strahlend, kapriziös, freigiebig, käuflich, durchtrieben und naiv – Nana beherrscht die Männer, hofft aber immer, der Liebe zu begegnen. Stellte Sigmund Freud sich nicht auch nach dreißigjährigem Studium der weiblichen Seele immer noch die Frage: »Was will die Frau?« (Brief an Marie Bonaparte)*

Der Aufstand der Frauen im 19. Jahrhundert

Hester, Emma, Anna

Hester, Emma und Anna: so heißen die Heldinnen dreier Romane, die in Frankreich, Russland, Amerika und England für Begeisterung wie für Empörung sorgten. Die erste bewirkt bei den sich in ihr wieder erkennenden Leserinnen eine Art Katharsis. Sie schreiben dem Autor, der Roman habe sie von ihrer Schuld befreit. Die Geschichte der zweiten löst einen Aufsehen erregenden Prozess aus. Und die dritte stürzt ihren Schöpfer in einen Jahre andauernden Zustand von Angst und Überdruss. Die drei Werke erscheinen innerhalb einer recht kurzen Zeitspanne: *Der scharlachrote Buchstabe* von Nathaniel Hawthorne kommt 1850 heraus, die Veröffentlichung von Gustave Flauberts *Madame Bovary,* in Fortsetzung erschienen, beginnt 1856 und die von Leo N. Tolstois *Anna Karenina* 1875. Mit sehr unterschiedlichen ästhetischen Mitteln, aber aus einer vergleichbaren Realität schöpfend, erforschen die drei Schriftsteller, Psychoanalytikern gleich – bevor dieser Begriff überhaupt existierte –, die Seele der untreuen Frau. Der Ehebruch und die Suche nach Liebe erscheinen in diesen Werken in gewisser Weise legitim, denn die Ehemänner sind alt, mittelmäßig oder verknöchert und verdienen es, betrogen zu werden. Aber alle drei Geschichten enden tragisch. Der Fehltritt ist nicht rückgängig zu machen. Er kommt einem Fatum gleich und ist auf die eine oder andere Art mit dem Tod verknüpft. Es gibt keinen glücklichen Ehebruch …

Rechts: Madame Bovary *von Claude Chabrol, mit Isabelle Huppert. Die Fensterscheibe symbolisiert das Prisma, durch das Emma die Welt verzerrt wahrnimmt. Ihre Wünsche beziehungsweise ihre Illusionen bilden die Gegenseite zur bürgerlichen, prosaischen und männlichen Wirklichkeit.*

Der Buchstabe A

Hawthornes Interesse gilt weder der Darstellung der verbotenen Leidenschaft noch den Umständen, die zum Ehebruch führen. Ihm geht es vielmehr um Schuld und Reue. Der Roman spielt in einer puritanischen, von frommen englischen Emigranten nach dem Vorbild der Urkirche in Neuengland gegründeten Gemeinde. Eines Morgens wird eine schöne junge Frau aus dem Gefängnis geführt und tritt vor die versammelte Menge. Auf ihrem Kleid befindet sich, kunstvoll in leuchtendem Rot gestickt, der Buchstabe A (für *adulteress,* Ehebrecherin). In ihren Armen hält sie ihr in Sünde gezeugtes Kind, das drei Monate alte Mädchen Pearl. Hester Prynne wird an den Pranger gestellt, drei Stunden lang richten sich Tausende von Blicken auf diese »Verkörperung der Schande«. Die Todesstrafe bleibt Hester erspart, da ihr alter Ehemann seit Monaten verschwunden ist und niemand weiß, ob er noch lebt. Das kleine Mädchen auf ihren Armen ist unruhig und weint, als hätte es mit der Milch der Mutter etwas von deren inneren Qualen aufgenommen. Hester weigert sich, den Namen ihres Geliebten zu verraten. Doch auch er steht, unerkannt, in der Menge vor dem Pranger: Es ist der junge, beliebte Gemeindepfarrer Arthur Dimmesdale, dessen Glaube und mystischer Elan die Gläubigen begeistert.

Unten: The Scarlett Letter *von Victor Sjöström, mit Lilian Gish, 1928. Wie der Vogel im Käfig: Die Frau ist Gefangene männlicher Projektionen und verdrängt ihre eigenen Wünsche.*

Die Väter des englischen Protestantismus erlauben eine Scheidung nur in einigen schweren Fällen, worunter auch der Ehebruch der Frau fällt. Die Scheidung muss dann vom Parlament gebilligt werden. Die nach Amerika ausgewanderten Engländer übernehmen die strengen Bestimmungen: Für männliche und weibliche Ehebrecher sowie für Sodomiten sieht das erste Gesetzbuch von Connecticut aus dem Jahre 1638 die Todesstrafe vor. In Massachusetts müssen die Frauen ein Schandmal tragen. In anderen Staaten wie etwa in dem von Quäkern gegründeten Pennsylvania werden die Strafen modifiziert, um der demografischen Situation, dass es weniger weibliche als männliche Einwanderer gibt, Rechnung zu tragen.

Zu Anfang des 19. Jahrhunderts aber beginnen die protestantischen Erweckungsbewegungen die Menschen von dem Panzer aus Sünde und Prädestination zu befreien. Der religiöse Eifer zieht Reformen nach sich. Von Europa ausgehende Strömungen kämpfen gegen die Unterdrückung der Frauen. Mitte des Jahrhunderts wird die Scheidung in vielen Staaten Amerikas möglich. Im Kontext dieser Veränderungen erscheint Hawthornes Roman und erschüttert eine große Leserschaft.

Die Heldin Hester wird von ihrer gesetzestreuen Gemeinde verstoßen und lebt demütig und still in einer Hütte am Waldrand. Sie arbeitet als Näherin, und mit dem Verdienst hilft sie den Notleidenden, zieht ihre kleine Tochter auf, und als die Pest ausbricht, pflegt sie die Kranken und wacht bei den Sterbenden. Der scharlachrote Buchstabe auf dem Kleid der sich unermüdlich aufopfernden Hester steht schließlich für das Wort Engel *(angel)*.

In der Einsamkeit und der Verbundenheit mit der geheimnisvollen Natur des Waldes schafft sich Hester ein eigenes, von den Gesetzen der äußeren Welt losgelöstes inneres Universum. Es scheint, als sei sie nicht mehr von dieser Welt. Sie hat zwar ihre Schönheit bewahrt, doch zeigen ihre unbewegten Gesichtszüge und ihre erstarrte Körperhaltung, dass Hester jede physische Identität verloren hat: Sie ist die Personifizierung verdrängter Emotionalität und Sexualität. Einzig die kleine Pearl, ein kapriziöses und etwas dämonisches Wesen, vermag noch Gefühle bei der Verstoßenen zu wecken.

Hawthorne interessiert sich wenig für die Psychologie seiner Protagonisten. Ehemann, Frau und Geliebter sind stark symbolisch gezeichnet und erhalten nur durch ihre Beziehungen zueinander Gestalt. Während Hester durch Sühne von der menschlichen Mittelmäßigkeit befreit wird und an ihrem Ausgestoßensein wächst, erstickt der Pfarrer unter der Last des Geheimnisses sowie der erdrückenden Bewunderung seiner Gemeinde. Der alte Ehemann, der mit einer falschen Identität in die Stadt zurückkehrt, wird zum Instrument der Wahrheit und nimmt nach und nach das satanische, eisige und totenähnliche Gesicht der Rache an. Den Abdruck ihrer Seele tragen die Personen auf ihrem Körper. Der innerlich aufgezehrte Geliebte wählt endlich die Befreiung und gibt die Geheimhaltung auf. Für einen kurzen

Oben: Der scharlachrote Buchstabe *von Roland Joffé, 1995. Unbewegliches Gesicht, angespannte Körperhaltung – Hester ist der Sündenbock einer puritanischen, von der Vorstellung des verderbten Fleisches besessenen Gemeinde.*

Augenblick wird Dimmesdale durch seine Beichte erhoben, dann bricht er zusammen und stirbt. Die von ihm als Tochter anerkannte Pearl verliert ihre heidnischen, dämonischen Züge: Sie besitzt nun einen rechtmäßigen Status und kann fortan das normale Leben eines jungen Mädchens führen.

Der obsessive Puritanismus der Kolonialzeit ebenso wie die ersten Emanzipationsbemühungen der Frauenbewegung lieferten Hawthorne Anregungen für seinen Roman. Vor allem aber ist *Der scharlachrote Buchstabe* eine Auseinandersetzung mit den Qualen von Schuld und Verdrängung. Zwischen dem Mysterium eines Gottes, der allein die Geheimnisse der Herzen kennt, und einem üppig-sinnlichen, unbezähmbaren Heidentum, das gleichzeitig von der Farbe Rot, dem Wald und der kleinen Pearl symbolisiert wird, steht der sich nach Unschuld sehnende Mensch seinem Begehren gegenüber und errichtet unmenschliche Gesetze, um die Aufständischen zu züchtigen: Ist nicht die Ehe ein solches Gesetz, da es die Gatten zu gegenseitiger Liebe verpflichtet, die spontane, leidenschaftliche Liebe aber als Heiratsgrund nicht anerkannt wird?

Die Langeweile des Ehebruchs

Er (Léon) *fand es jetzt lästig, wenn Emma plötzlich an seiner Brust in Schluchzen ausbrach; und wie manche Leute nur ein gewisses Maß an Musik vertragen können, so empfand sein Herz nichts als Langeweile und Gleichgültigkeit beim Tumult dieser Liebe, deren zarte Empfindungen er nicht mehr zu erkennen vermochte.*

Sie kannten einander zu gut, als dass sie immer noch jenes Erstaunen verspürt hätten, das den Besitz des Geliebten zu einem immer neuen Wunder werden lässt und die Freude daran verhundertfacht. Sie hatte ihn ebenso satt, wie er ihrer überdrüssig war. Emma fand im Ehebruch das ganze öde Einerlei des Ehelebens wieder.

Wie aber konnte sie all das loswerden? Sie mochte sich noch so sehr durch das Erniedrigende eines solchen Glücks gedemütigt fühlen, sie hing dennoch aus Gewohnheit oder aus Verderbtheit daran. Mit jedem neuen Tag klammerte sie sich leidenschaftlicher daran fest, und gerade durch die übertriebenen Erwartungen, die sie darein setzte, machte sie jedes beglückende Erlebnis zuschanden.

Gustave Flaubert, *Madame Bovary*,
Dritter Teil, Kapitel 6

Rechts: Madame Bovary *von Claude Chabrol, mit Isabelle Huppert und Christophe Malavoy. Weil Emma einen Geliebten hat, wird sie zur Heldin. Aber: »Woher kam es nur, dass sie mit dem Leben so gar nicht zurechtkam, dass alles, worauf sie sich verließ, so rasch verweste?« Der unbestimmte Blick der Schauspielerin übersetzt die Obsession der Madame Bovary, das eigentliche Thema des Romans.*

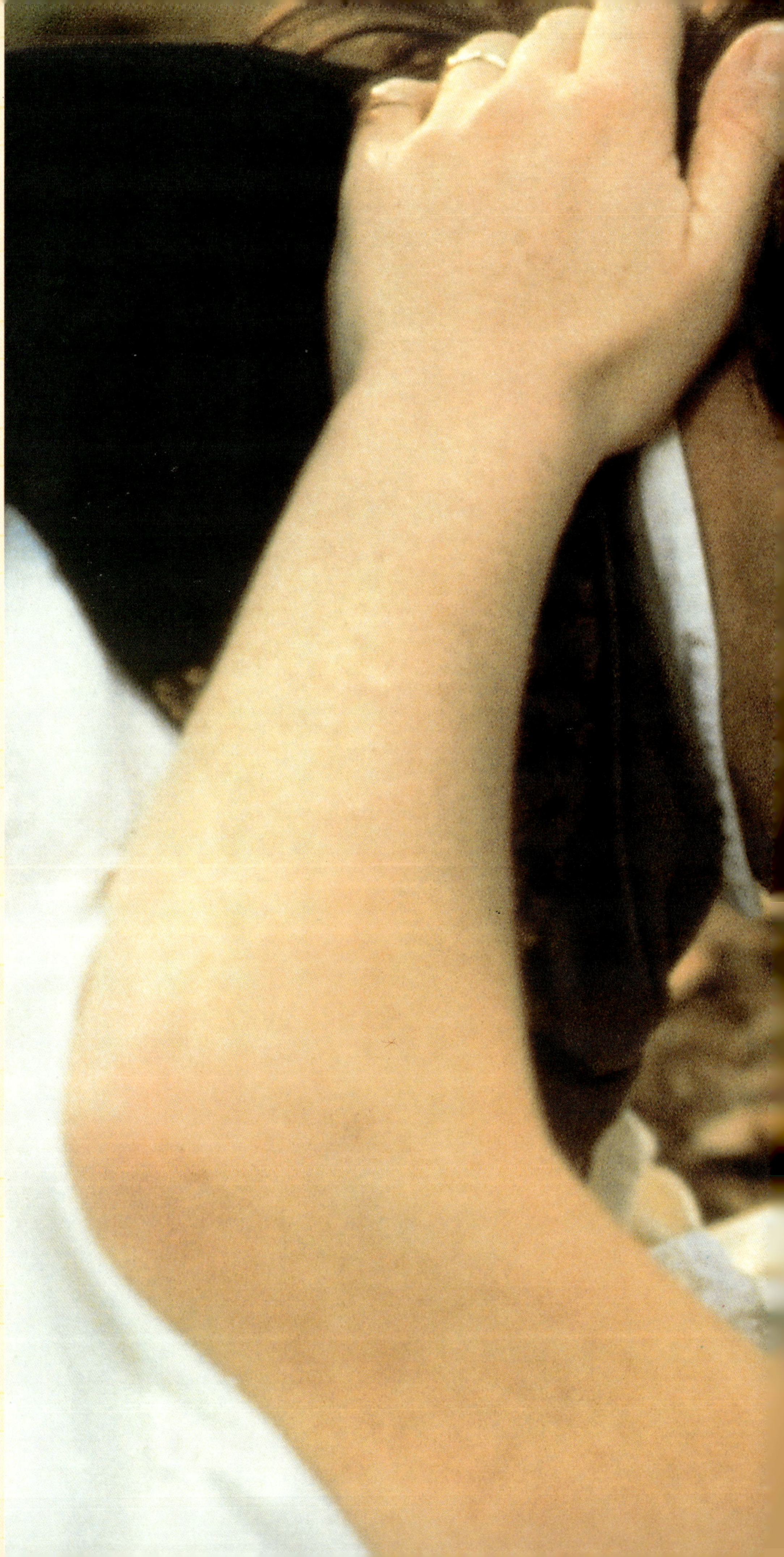

Die Fadheit des Ehebruchs

Während die amerikanische Öffentlichkeit zur Erlösung Hesters applaudiert, verfolgt das französische Publikum ergriffen den ganz und gar nicht idealisierten Untergang der Emma Bovary. Die kleine, unglücklich verheiratete Provinzlerin mit ihren für ein enges Leben zu großartigen Träumen langweilt sich neben ihrem Gatten, dem Landarzt Charles Bovary, und erfindet Leidenschaften, um das echte, namenlose Leben zu spüren. Wie Hester versinnbildlicht auch Emma die unerbittliche Ausgrenzung, die dem Ehebruch folgt. Was bei Hawthorne puritanische Obsession gegenüber der Sexualität ist, wird bei Flaubert zur romantischen Obsession gegenüber den Illusionen des Gefühls: Es ist der Ehebruch der Seele eher als der des Körpers. Flaubert geht hart ins Gericht mit Emmas Träumen vom Glück, indem er sie mit der Welt des schmutzigen Geldes konfrontiert. Die Realität wird entpoetisiert. Rodolphe, der erste Liebhaber, ist nichts als ein vulgärer Verführer auf der Suche nach einem guten Fang. »Oh, ich will und muss sie haben!« Rücksichtslos plant er die Manöver zur Verwirklichung des Abenteuers: »Wo konnten sie sich treffen? Wie war das zu ermöglichen? Man würde natürlich andauernd das Balg auf dem Halse haben, dazu den Mann, das Dienstmädchen, die Nachbarn, beträchtliche Scherereien aller Art.« Bald aber, als die Gefühlslast zu groß wird, denkt Rodolphe nur noch daran, seine Geliebte wieder loszuwerden. Der zweite Liebhaber, der Notariatsangestellte Léon, ist gefühlvoller, doch auch ihn ergreift Angst vor der Überspanntheit Emmas. Die Mittelmäßigkeit ihrer Auserwählten bleibt der Heldin verborgen: Was sie liebt, ist die Liebe oder vielmehr die Vorstellung von ihr: »Endlich sollten also auch ihr die Freuden der Liebe zuteil werden, sollte sie jenes selige Fieber kennenlernen, auf das sie für immer Verzicht geleistet hatte. Sie betrat nun ein wundersames Reich, in dem eitel Leidenschaft herrschte, Verzückung und Sinnentaumel. Unermessliche Bläue umgab sie, die höchsten Höhen des Gefühls funkelten vor ihren Gedanken (...).«

Träume führen sicherer zum Tod als Ausschweifung. Wie ein Krebsgeschwür breitet sich das Begehren aus und sucht sich, von Enttäuschungen vorangetrieben, stets andere Objekte. Emma vergisst ihre Pflichten, vernachlässigt die Tochter, ruiniert den Ehemann. Im tiefsten

Links: *Illustration von Pierre Brissaud (1885–1964). Madame Bovary bei Tisch: Champagner und die Aufmerksamkeit Léons sollen die existentielle Leere füllen.*

Inneren weiß sie selbst, dass keine reale menschliche Beziehung sie glücklich machen wird. Im Ehebruch entdeckt sie schließlich die gleiche Fadheit wie in der Ehe. Ihre Zerrüttung, die schließlich zum Selbstmord führt, beschreibt Flaubert wie eine organische Auflösung.

Im Oktober 1856 übergibt Flaubert der *Revue de Paris* den Roman *Madame Bovary* zur Veröffentlichung in mehreren Teilen. Von den ersten Kapiteln an sind die Leser von der Protagonistin Emma entsetzt und wenden sich mit Protestschreiben an die Leitung der Zeitschrift, sodass diese sich zu Textstreichungen entschließt. Dem Autor wird vorgeworfen, er karikiere das Provinzleben. Herausgenommen wird die Szene, in der die Kutsche mit zugezogenen Vorhängen durch die Straßen von Rouen rast und der Leser sich das Liebesstürmen von Emma und Léon ausmalen kann. Flaubert erhebt Einspruch, aber sein Freund Maxime DuCamp klärt ihn auf, dass er und die Zeitschrift auf »Verstoß gegen die öffentliche Moral« verklagt worden seien. Der Skandal erregt Aufsehen. »Die *Bovary* übersteigt meine Erwartungen«, schreibt Flaubert, »die Frauen sehen mich an wie einen Schrecken von Mann.« Bovarysten und Antibovarysten attackieren sich gegenseitig. Der Prozess gibt dem literarisch nicht unsensiblen stellvertretenden Staatsanwalt Pinard Gelegenheit, ein Plädoyer gegen den Sittenverfall und das schlechte Beispiel zu halten: »Die Beschreibung einiger Szenen geht über das rechte Maß hinaus; wenn wir hier ein Auge zudrücken, wird Flaubert viele Nachahmer finden (…).« »Kunst ist keine Kunst mehr, wenn der Schmutz in ihr überhandnimmt.« »Wie kann ein Romanautor sich darin gefallen, die Störungen des Lebens und die moralischen Abscheulichkeiten so zu beschreiben, wie man einen aufgeschnittenen Leichnam studiert? Das ist eine Schande für die Literatur.«

Der Prozess endet mit einer Rüge, aber die Provinzbourgeoisie bleibt bestürzt: Sollte der Ehebruch nicht mehr nur eine Pariser Erscheinung sein? Im Übrigen ist Flaubert nicht das einzige Opfer der moralischen Ordnung. Vor ihm wurde Auguste Luchet wegen einer Ehebruchsgeschichte in dem heute vergessenen Roman *Le Nom de famille* (Der Familienname, 1841) zu zwei Jahren Gefängnis, einer Geldstrafe und der Vernichtung seines Buches verurteilt. Und im gleichen Jahr wie *Madame Bovary* wurde auch Charles Baudelaires Werk *Die Blumen des Bösen* verurteilt.

Oben: Ce qu'il y a dans le cœur des femmes *(Was die Herzen der Frauen bewegt), Karikatur von Albert Robida (1848–1926). Weil das Ewig-Weibliche nicht zu ergründen ist, fasst man es in einfache, handhabbare Kategorien: die ungebundene Frau, die tugendhafte Frau, die Internatsschülerin, die Kokotte, die Jungvermählte …*

Folgende Doppelseite: Seule *(Allein), Henri de Toulouse-Lautrec (1864–1901). Verlassenheit oder Wollust der einsam auf dem Bett liegenden Frau – der Maler hebt die Zweideutigkeit nicht auf.*

»Die ehebrecherische Liebe ist gleichzeitig Ausdruck von Sehnsucht, Schuld, Forderung und Revolte.«

Ein unverzeihliches Glück

Auch Anna Karenina begeht Selbstmord. Der Tod ist das Schicksal der ehebrecherischen Heldin, die, so Tolstoi, die Quelle ihrer eigenen Zerstörung in sich trägt. Aber im Unterschied zu der älteren Leidensgenossin Emma Bovary bekennt Anna sich zu ihrer mit gesellschaftlicher Schande verbundenen Liebe. Sie verkörpert nicht wie Emma die Theatralik eines unbestimmten Begehrens, sondern die Wahrhaftigkeit, die Verführung, die Energie, den Eros … Sie fordert eine eigene Existenz gegen einen strengen und steifen Gatten, der nie die Konventionen verletzt, der räsoniert, urteilt, kalkuliert und sich im Besitz der Wahrheit glaubt. Obwohl der Ehebruch schließlich mit dem Tod bestraft wird, ist er Ausdruck des Lebenstriebes. Wo Emma Bovary ihr Leben erträumt, wünscht Anna Karenina ihren Tod: »Ja, das war der Gedanke, der allein die Erlösung bringen konnte. (…) Sterben – dann wird auch er bereuen, Mitleid mit mir haben, mich lieben und um meinetwillen leiden.«

Der Ehebruch ist hier eine moralische Sackgasse und zerreißt das Bewusstsein der Heldin. Denn wie schwierig die Situation auch für den Liebhaber und den Ehemann sein mag, am schwersten lasten die Folgen dieses Schrittes auf der Frau: Ihr drohen inneres Chaos, Selbstauflösung. Anna fühlt es deutlich: »Ich bin so wie immer … aber in mir steckt noch eine andere, vor der ich Angst habe.« Der Selbstmord soll das Andere vernichten und die Einheit wiederherstellen. Letztlich erweist sich die Leidenschaft als nicht lebbarer als die Ehe. Vergehen und Strafe, Entstehen und Sterben einer Leidenschaft, Trunkenheit und Verirrung der Sexualität, die das Urteilsvermögen außer Kraft setzt – diese Momente darzustellen ist Tolstois erklärte Absicht. Doch Anna verkörpert noch ein tieferes psychisches Geheimnis, das auch der Autor nicht zu fassen vermag: »Ich treffe eine Auswahl, die mir selbst fast unbegreiflich ist.« Fortschrittlich gesinnte Kritiker meinen, Tolstoi erteile Anna die Absolution und verdamme die pharisäerhafte Gesellschaft, die die Frau zur Ewig-Schuldigen mache.

Der Roman steht im Kontext von Tolstois intensiver Auseinandersetzung mit Ehe, Familie und Frauenemanzipation. *Anna Karenina* führt drei mögliche Ehe-

Rechts: Le Baiser *(Der Kuss), Emile-Auguste Carolus-Durand (1837–1917). Die Schriftsteller des 19. Jh.s sprechen gern über die Seele und die Gefühle der Frau, in Bezug auf das Fest der Sinne jedoch bleiben sie zurückhaltend.*

formen vor: die durch den Ehebruch entzweigerissene Verbindung zwischen Anna und Alexej, die Ehe von Dolly und Oblonskij, die nur durch Heuchelei und Lüge überlebt und, als kleine Hoffnung, Kitty und Lewin, deren Beziehung auf wirklicher Zuneigung beruht.

Der Autor selbst lebt in einer Phase des Umbruchs: In seiner eigenen Familie wird er mit unkonventionellen Verhältnissen konfrontiert – sein jüngerer Bruder heiratet eine ehemalige Prostituierte, seine Schwester Marie verlässt ihren verkommenen Mann für einen schwedischen Edelmann, und sein älterer Bruder hat zwei uneheliche Kinder mit einer Zigeunerin. Als Tolstoi *Anna Karenina* schreibt, gewinnen in der erstarrten russischen Gesellschaft liberale, individualistische und skeptizistische Ideen aus dem Westen an bedrohlichem Einfluss. Der Engländer John Stuart Mill tritt in seiner 1869 ins Russische übertragenen Schrift *Die Hörigkeit der Frau* für das Frauenwahlrecht ein und löst in Petersburg und Moskau eine heftige Kontroverse aus. Der Widerhall dieser Umwälzungen trifft auf die ureigensten Fragestellungen Tolstois, der in der *Kreutzersonate* ein noch pessimistischeres Bild von Familie und Sexualität zeichnen wird.

Der Ehebruch ist das zentrale Thema der Romanliteratur im 19. Jahrhundert. Fast immer wird er als gesellschaftliches Krankheitssymptom beschrieben: Die zum Objekt degradierte Frau – von den Eltern verheiratet, vom Gatten beherrscht, erdrückt von der Gesellschaft, die ihr eine Identität verweigert – verändert ihre Situation grundlegend, sobald sie zur Verführerin wird und so ihre Macht unter Beweis stellt: Hester und Anna sind stärker als ihre Geliebten. Die ehebrecherische Liebe – ob eingebildete Vollkommenheit oder Wahnsinn – ist gleichzeitig Ausdruck von Sehnsucht, Schuld, Forderung und Revolte.

Der Geliebte: zynisch oder kleinmütig

Die Liebesbeziehung ist eine ungleiche Verbindung, und in den meisten Ehebruchsromanen erweist sich der Geliebte als mittelmäßiger Liebender, dem das leidenschaftliche Begehren der Frau Angst macht. Wronskij spielt Karten im Klub, während Anna Karenina für ihn alles aufgegeben hat. Julien Sorel, der Held aus Stendhals *Rot und Schwarz,* findet sein Glück bei der zärtlichen Madame de Rênal, aber während diese völlig in der Liebe aufgeht und bereit ist, ihren Ruf zu opfern, vergisst der junge Mann keineswegs seine gesellschaftlichen und beruflichen Ambitionen. Die Liebhaber bei Guy de Maupassant sind wie Bel-Ami zynisch, wenn sie sich nicht zuletzt gar wie Ehemänner verhalten. Ob Leidenschaft oder Zerstreuung – ist die Liebe des Mannes erst mal gestillt, widersteht sie nicht der Gewohnheit. Dann beginnt die Qual: »Von Tag zu Tag sieht er mehr und mehr nach anderen Frauen (…). Aber sie hängt von Tag zu Tag mehr an ihm, wie eine Pflanze, die in einem neuen Boden sprießt. Ihre Küsse sind wie Wurzeln, die tiefer und tiefer in die Erde eindringen.« (Maupassant, *Chroniques,* Chroniken)

Der kleinmütige Geliebte verkörpert »die Angst vor einer Gesellschaft von Amazonen«, in der der unersättliche und unbezähmbare Eros der Frau den Mann zu beherrschen droht. Im Übrigen wagt die Literatur, gemeinsam mit dem medizinischen Diskurs, am Ende des Jahrhunderts auf dem Umweg über den Ehebruch zum ersten Mal, die weibliche Lust zu thematisieren.

Carolus-Duran
1868.

Das Schuldgefühl der Ehebrecherin

Sie fühlte sich so verworfen und schuldbeladen, dass ihr nichts anderes übrigblieb, als sich zu erniedrigen und um Vergebung zu bitten. Sie hatte außer ihm niemand mehr im Leben, sodass sie sich mit ihrer Bitte um Vergebung jetzt an ihn wandte. Wenn sie ihn ansah, empfand sie physisch ihre Demütigung und konnte kein Wort mehr hervorbringen. Er aber fühlte, was ein Mörder beim Anblick des Körpers fühlen muss, den er des Lebens beraubt hat. Dieses von ihm entseelte Wesen war ihre Liebe, das erste Stadium ihrer Liebe. (…)

Und wie sich der Verbrecher mit fast leidenschaftlichem Ingrimm auf den entseelten Körper wirft, ihn fortzuschleppen und zu zerstückeln, so bedeckte Wronskij ihr Gesicht und ihre Schultern mit Küssen. Sie hielt seine Hand in der ihren und rührte sich nicht. Ja, diese Küsse sind es, was mit meiner Schande erkauft ist … und diese Hand, die mir für immer gehören wird, ist die Hand eines Mitschuldigen. Sie hob seine Hand auf und küsste sie.

Leo N. Tolstoi, *Anna Karenina*,
Zweiter Teil, Kapitel 11

Links: Anna Karenina *von Clarence Brown, mit Greta Garbo, 1935. Wie ist eine untreue Frau zu behandeln? Muss man sie töten oder ihr verzeihen? Alexandre Dumas d.J. plädiert in seiner Schrift* L'homme-femme *für die erste Lösung. Tolstoi dagegen glaubt, das Gesetz, das die Frau überschritten hat, treibe sie dazu, sich selbst zu vernichten.*

FORGET
ME!

Im dritten Jahrtausend

Eine neue Liebesordnung

In den letzten hundert Jahren und seit 1960 mit einer ungeheuerlichen Beschleunigung hat sich die französische Gesellschaft stärker verändert als jemals zuvor. Die um 1900 geborenen Franzosen verstehen kaum die Einstellungen ihrer Urenkel. Arbeit, Familie, soziale Strukturen, Sitten, Alltagsleben, Status der Frau – die Umwälzungen sind gewaltig. Sie betreffen alle Bereiche, besonders aber das Privatleben. Die ehelichen Beziehungen folgen neuen Regeln. Und schien die Vorstellung vom traditionellen Ehepaar überholt, so ist es gewagt, über die Folgen der gegenwärtigen Entwicklung zu spekulieren.

Rechts: *Objekt Frau oder befreite Frau? In dem Film* Mit den Waffen einer Frau *von Claude Autant-Lara, 1958, spielt Brigitte Bardot eine Frau, die es wagt, die gesellschaftlichen Tabus der Epoche zu verletzen, indem sie ohne Scham ihren Körper enthüllt.*

Die Revolutionen des »anderen Geschlechts«

Die 1960er Jahre: Ohne jede Scham bekennt sich Brigitte Bardot zu ihren Wünschen, zeigt ihren Körper und zerreißt die Zwangsjacke, die Frauen bisher zu tragen hatten. Die Schauspielerin wird zum Symbol der modernen Frau. Aber welcher Anstrengungen bedurfte es, um das zu erreichen! Die Frauen der 1940er Jahre stehen am Kochtopf oder Wäschebottich, und obwohl ihnen in Frankreich 1944 das Wahlrecht zuerkannt wird, haben die Gesetze von 1920 noch Gültigkeit, nach denen Empfängnisverhütung und Abtreibung verboten sind. Wie soll die Frau ein erfülltes Sexualleben führen, wenn Temperaturmessen und der altbekannte Interruptus die einzigen Verhütungsmethoden sind und sie stets Angst vor einer ungewollten Schwangerschaft haben muss? Oder wie soll sie den Mut finden, sich scheiden zu lassen? Eine Scheidung mit beiderseitigem Einverständnis gibt es nicht, und ein außereheliches Abenteuer des Mannes muss durch die amtliche Feststellung eines Gerichtsvollziehers nachgewiesen werden.

Der überwältigende Erfolg der ersten Nummern des 1937 gegründeten Frauenmagazins *Marie Claire* ist ein Ausdruck des weiblichen Wunsches nach einer besseren Zukunft. Neben Modetrends und Kochrezepten erscheinen hier die ersten Artikel zu Frauenthemen. Die Französinnen entdecken für sich einen eigenen Bereich unabhängig von Ehemann und Kindern. Ein weiterer Schritt wird mit der Gründung der Zeitschrift *Elle* (1945) getan, mit ihrem Kummerkasten, ihren Umfragen, wahren Geschichten und vor allem den Beiträgen von Psychologen, die ein Jahrzehnt später voreheliche Erfahrungen und sexuelle Harmonie preisen werden. Die Französinnen emanzipieren sich, ohne sich dessen recht bewusst zu sein. Was eine Generation zuvor noch nicht einmal vorstellbar war, wird nun Realität.

Links: *Zu seiner Zeit wirkte der Realismus der Liebesszenen in* Die Liebenden *von Louis Malle, 1958, mit Jeanne Moreau und Jean-Marc Bory, in einer heute kaum mehr vorstellbaren Weise gewagt.*

Links: *1945 erscheint die erste Nummer der Zeitschrift* Elle. *In ihr wird der Körper rehabilitiert, die Sexualität kommt zur Sprache. Eine neue Frau tritt auf den Plan …*

Durch den technischen Fortschritt von der Hausarbeit etwas entlastet, streben die Frauen in die Arbeitswelt und entdecken die Vorzüge der finanziellen Unabhängigkeit. Die Gesetze von 1965 über die Güterstände beseitigen die rechtliche Minderwertigkeit der Frauen: Fortan besitzen sie im öffentlichen und im beruflichen Bereich die gleichen Rechte wie Männer. Der Ehemann kann seiner Gemahlin nicht mehr verbieten, einer Arbeit nachzugehen, und sie darf ein eigenes Konto besitzen. Für die Geburtenregelung bringt die Gründung des *Mouvement français pour le planning familial* (Französische Bewegung für Familienplanung) 1959 bedeutende Fortschritte. Die von einem amerikanischen Gynäkologen erfundene Spirale, die Einführung der Pille, die 1956 von dem amerikanischen Physiologen Gregory Pincus entwickelt wird, und schließlich die Legalisierung der Empfängnisverhütung durch die *loi Neuwirth* von 1967 gibt den Französinnen die Möglichkeit, ihr Sexualleben selbst zu gestalten.

Die Entwicklung der *condition féminine* wird von einer Bewegung vorangetrieben, deren Forderungen man teilweise für übertrieben halten mag, die aber die Frustrationen der Epoche deutlich zum Ausdruck bringt: Der aus der 1968er-Bewegung hervorgehende *Mouvement de libération des femmes* (Frauenbefreiungsbewegung) bereitet das »andere Geschlecht« (Titel eines für die Frauenbewegung zentralen Buches von Simone de Beauvoir) auf die politische Aktion vor. Die berühmte Forderung nach dem »Recht der Frauen, selbst über ihren Körper zu verfügen«, wird 1975 mit der *loi Veil* erfüllt, die den Schwangerschaftsabbruch legalisiert. Empfängnisverhütung wird zur gängigen Praxis, und die Frauen sind endlich von dem alten Fluch befreit, der Sexualität und Zeugung unlösbar miteinander verband. Weil sie nunmehr das gleiche Recht auf Lust besitzen wie Männer, entdecken sie die Möglichkeit, ihre Partner je nach Begehren zu wechseln. Diese Veränderungen haben gewaltige Auswirkungen auf die Ehe und die zwischengeschlechtlichen Beziehungen.

Die Ehe wird in Frage gestellt

Heutzutage entscheidet die Frau allein über ihr Schicksal. Das ist völlig neu in der Geschichte. Zu Beginn des 20. Jahrhunderts ist die Ehe noch eine Familienangelegenheit. Sie dient dazu, ein Erbe zu sichern oder ein soziales Band zu festigen. Ihr Gelingen hat nichts mit Gefühlen zu tun. Erst in den 1930er Jahren wird die Liebes- über die Zweckheirat triumphieren. Aber die große Umwälzung geschieht mit der Verbreitung des vorehelichen Zusammenlebens. Für manche ist Ehe nun ein Synonym für Entfremdung. Wenn sie auf gesetzlicher und sozialer Ebene keine Vorteile mehr bringt, warum sie dann noch standesamtlich schließen! Junge Leute empfinden die Ehe als sozialen Druck und fordern, die Zweierbeziehung müsse eine Privatangelegenheit bleiben. Ihnen zufolge können die zentralen Werte für das Leben zu zweit – Respekt, Vertrauen und Zuneigung – nur in einer freien Lebensgemeinschaft verwirklicht werden.

Wie so oft passt sich die Gesetzgebung den gesellschaftlichen Veränderungen an. Mittlerweile wird die freie Lebensgemeinschaft rechtlich gefördert. Sie ist dauerhafter als eine flüchtige Affäre, aber nicht unbedingt endgültig. Selbst die Geburt von Kindern führt nicht notwendig zur Ehe. Die freie Lebensgemeinschaft hält an traditionellen Werten und an der Partnerschaft als Beziehungsform fest, toleriert aber außereheliche Liebschaften und verhindert Einsamkeit wie soziale Ausgrenzung. Natürlich ist für ein solches nichteheliches Zusammenleben eine funktionierende Sexualität von zentraler Bedeutung.

Für beide Geschlechter zeichnen sich demnach neue Rollen ab, deren Schlüsselwort Gleichheit ist. Diese verlangt gegenseitige Treue oder beiderseitig akzeptierte Untreue. Von der alten Rollenaufteilung ist man weit entfernt. Und wenn im Jahre 1994 eine Umfrage ergibt, dass die Hälfte der Franzosen die Ehe zur Familiengründung für unabdingbar halten, so sind sich dieselben Franzosen gleichzeitig der neuen sexuellen Ansprüche von Frauen sowie der Bedeutung einer beiderseitig erfüllten Sexualität sehr wohl bewusst.

Rechts: *1971 unterzeichnen 343 prominente Frauen im Wochenmagazin* Le Nouvel Observateur *das Manifest* Je me suis avorter *(Ich habe abgetrieben). Sie unterstützen den Kampf der Frauenbewegung, der 1975 zur Legalisierung des Schwangerschaftsabbruchs führt.*

Rechts: Les Amants *(Die Liebenden), René Magritte (1898–1967): Denkt sie an eine konkrete Person, oder wird jede weibliche Vorstellung vom Trugbild des Geliebten diktiert?*

Der Bund fürs Leben wird heutzutage mehr als Formalität denn als Institution angesehen. Er gründet vor allem auf Liebe, und diese verläuft nicht ohne Turbulenzen: Dauerhaftes Begehren lässt sich nicht garantieren. Aber die Angst vor Einsamkeit und die Ahnung, die Monotonie des Alltags werde sich mit jedem Partner wiederholen, halten die Trennungsgelüste im Zaum. Nach wie vor scheint der Wunsch nach Sicherheit das Hauptmotiv für eine Heirat zu sein.

Schematisierend ließe sich das Liebesleben der modernen Frau in vier Zeitabschnitte aufteilen: Zunächst kommt eine Phase des Sammelns von Erfahrungen vor dem Leben zu zweit. Dann folgt eine Zeit der Treue, der körperlichen Eintracht und des Kinderkriegens. In einer dritten Phase größerer Ungebundenheit kann es wechselnde Liebschaften geben – niemand ist vollkommen. Und im Alter schließlich ist die Liebesbeziehung durch Freundschaft und Zärtlichkeit bestimmt.

Das amerikanische Modell

Monogamie in Wiederholung: So könnte man die aktuelle Tendenz in der Ehepraxis der Amerikaner definieren. Die Leichtigkeit, mit der sie sich scheiden lassen können, ihre Furcht vor verlorener Zeit und die Vorstellung, nach einer Niederlage folge ein neues Leben – und eine neue Jugend – könnten diese Haltung erklären. Die Amerikaner haben letztlich gute Gründe, den Partner nicht zu betrügen – sie können ihn nämlich jederzeit wechseln! Logischerweise impliziert diese Banalisierung der Scheidung eine allgemeine Ablehnung des Ehebruchs: Da es problemlos möglich ist, sich scheiden zu lassen, hat das Eheleben monogam zu sein. Und während 1966 in Frankreich 75% der jungen Leute unter 25 Jahren meinen, den Partner zu betrügen sei ein kleineres Übel und auf jeden Fall einem offiziellen Bruch vorzuziehen, entdecken die Amerikaner zur gleichen Zeit die wundersamen Heilkräfte von Psychologen und Sexologen und halten die Scheidung für die beste Lösung bei einem unverträglichen Zusammenleben.

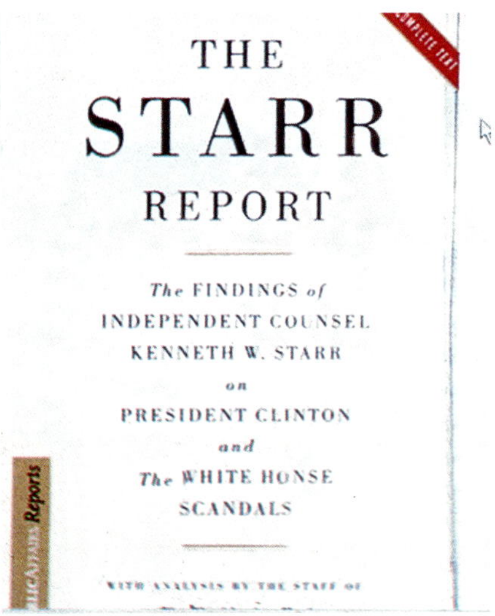

Oben: *Reise in die Welt der Schlafzimmergeheimnisse … via Internet. Oder wie das als puritanisch geltende Amerika die ganze Welt am Sexualleben seines Präsidenten teilhaben lässt.*

In den Vereinigten Staaten ist es seit Anfang des 20. Jahrhunderts notwendig, das Privatleben streng zu reglementieren, um die Mentalitäten und Sitten der Einwanderer aus den unterschiedlichsten Ländern zu vereinigen. Besonders deutlich wird diese Rigorosität an der engen Verbindung zwischen Privat- und Berufsleben. Wirtschaftsunternehmer und Politiker haben der Nation als Vorbild zu dienen und ein mustergültiges Familienleben zu führen. Mit einem Wort: ein guter Amerikaner hat nichts zu verbergen.

Die amerikanische Moral ist weniger puritanisch, als in Frankreich gemeinhin behauptet wird. Bill Clintons beinah verhängnisvolles außereheliches Abenteuer mit Monica Lewinsky hat die Gesellschaft jenseits des Atlantiks von einer ganz anderen Seite gezeigt. Im Fernsehen und im Internet verständigten sich unzählige Amerikaner mit deftigen Scherzen über das Missgeschick ihres Präsidenten, und

Berühmte Ehebrüche

»Was sind sie doch für Libertins, diese Franzosen!«, kommentierten englische Zeitungen die Fotos, die die zwei Familien des Staatspräsidenten François Mitterrand bei dessen Begräbnis nebeneinander am Grab stehend zeigten. 86% der in den darauffolgenden Tagen befragten Franzosen versicherten, sie seien von diesen Bildern nicht schockiert gewesen. Als Mitterrand sich einige Zeit zuvor zu seiner 1974 unehelich geborenen Tochter Mazarine bekannte, war die Öffentlichkeit ob der Kühnheit des Präsidenten sogar fasziniert. Die Franzosen sind traditionellerweise tolerant gegenüber dem Privatleben ihrer politischen Führungsspitze, beunruhigt sind sie mehr von deren Seitensprüngen im Finanzbereich. Jedem seine Schwächen: Bei den Engländern, denen diese laxe Moral recht unverständlich ist, zählt der Anstand, und dies umso mehr, als er sich mit einem starken Besitzdenken paart. Lords, Prinzen und Politiker haben ohne Fehl zu sein, eine Art Garant für eine unantastbare Moral. Als 1994 erst Lady Diana und dann ihr Gemahl im Fernsehen von ihren Treulosigkeiten berichteten, war das Land zutiefst empört. Das von Charles gestandene Verhältnis zu Camilla Parker-Bowles war einer der von den Medien am meisten ausgeschlachteten Ehebrüche am Ende des 20. Jahrhunderts. Dieses Bekenntnis schloss tragischerweise damit ab, dass der Thronfolger seine Geliebte institutionalisierte. Da ist Deutschland zweifellos weniger prüde. Bundeskanzler Gerhard Schröder gelang es, seine Schwächen vergessen zu machen: Wer erinnert sich noch daran, wie sehr damals sein Ansehen als Ministerpräsident von Niedersachsen litt, als er seine Frau wegen einer jungen Journalistin verließ, die er inzwischen geheiratet hat? In anderen Ländern sind Politiker-Ehebrüche dem Publikum gleichgültig, solange dadurch nicht der Gang der Geschäfte beeinträchtigt wird. Dies war in Griechenland bei der Romanze zwischen Präsident Andreas Papandreou und der ehemaligen Stewardess Dimitra der Fall. Als die rassige Blondine Machtgelüste verspürte, sank das Ansehen Papandreous schlagartig. Was die durch die Lewinsky-Affäre aufgebrachte amerikanische Öffentlichkeit angeht, so fühlte sie sich mit der Präsidentengattin solidarisch und teilte deren Nachsicht.

keine Zensur verhinderte die Veröffentlichung intimer Details aus der Affäre der beiden Protagonisten. Auf dem Höhepunkt des Skandals bezeugte Hillary Clinton bedingungslose Solidarität mit ihrem Gemahl und bekräftigte damit das Modell einer als Schicksalsgemeinschaft begriffenen Ehe, die zudem auf zahlreichen gemeinsamen Interessen gegründet ist.

Der Soziologe und Amerikanist Éric Fassin behauptet in der Zeitschrift *Le Monde des débats* vom April 1999, der vermeintliche Puritanismus der Amerikaner sei ein französisches Fantasma. Er diene den Franzosen als abschreckendes Beispiel für einen in den USA tobenden Krieg der Geschlechter, der durch einen verbiesterten Feminismus geschürt werde.

Die sexuelle Revolution in den 1960er Jahren hat die Bedeutung von zwei untrennbar miteinander verbundenen Begriffen verändert: Freiheit und Gleichheit. Anders als in den USA ist das Prinzip der Gleichheit in Frankreich gesellschaftlich nicht verankert. So gewaltig der amerikanische Einfluss in Europa auch sein mag, die Unterschiede im Privatleben sind dennoch enorm. In der Sexualität und in zwischengeschlechtlichen Beziehungen bildet jede Gesellschaft über lange Zeiträume hinweg und entsprechend ihrer geschichtlichen Entwicklung eigene und dauerhafte Strukturen aus.

Rechts: Die Liebenden *(Ausschnitt), René Magritte (1898–1967). Das Gemälde gibt Rätsel auf: Heimliche Liebende oder verurteilte Liebende? Die Verhüllung der Gesichter kann verschiedene Bedeutungen haben.*

Aber auch jenseits des Atlantiks lebt man in Widersprüchen: 1998 meldete sich eine beeindruckende Zahl von gebildeten ledigen New Yorkerinnen zu einem Seminar an, das den Titel trug: »Rauben Sie den Mann, den Sie begehren, aus den Armen einer anderen!« In Minneapolis ist eine Klinik auf die »medizinische« Behandlung von Untreue spezialisiert.

Die Entwicklung ist also alles andere als abgeschlossen. Zum Teil wird der Feminismus sogar wieder in Frage gestellt. *Backlash. Die Männer schlagen zurück* heißt ein erfolgreiches Sachbuch von 1991: Deutet sich in diesem Titel etwa die Rückkehr zu früheren Zeiten an?

Treue oder Aufrichtigkeit

Gesetzliche Anerkennung homosexueller Paare, Auseinandersetzung mit der Geschlechterdifferenz, Wiederaufwertung des Paares und der Treue in Abkehr von der sexuellen Freiheit der 1960er Jahre: das Thema Sexualität ist nach wie vor nicht ausdiskutiert. Die gegenwärtige Gesellschaft scheint zwischen den Gründungsprinzipien unserer Zivilisation – Geschlechterunterschiede, nachweisbare Abstammung – und der Entwicklung zu einer immer liberaleren Praxis innerhalb der Liebesbeziehungen hin und her zu schwanken. Ist Treue ein veralteter, überkommener Begriff? 1996 erzählen der Schriftsteller Philippe Sollers und seine Frau, die Psychoanalytikerin Julia Kristeva, in einem Interview mit der Zeitschrift *Le Nouvel Observateur* von ihrer Erfahrung mit einer auf geistiger, aber nicht

»Wahre Untreue ist der Verrat an einem gemeinsamen Beziehungsentwurf.«

Rechts: Room in New York, *Edward Hopper (1882–1967). Treu, untreu? Geheimnisse und Kommunikationslosigkeit können zum Bruch führen.*

Oben: Eifersucht, *Edvard Munch (1863–1944). Seinem Verlangen nachzugeben heißt dem anderen Leid zuzufügen: die ewige Geschichte des Ehebruch-Trios.*

unbedingt körperlicher Treue gegründeten Ehe. Für sie ist wahre Untreue der Verrat an ihrem gemeinsamen Beziehungsentwurf. Julia Kristeva gibt jedoch zu, dass sie in jüngeren Jahren unter der sexuellen Untreue gelitten habe, und Philippe Sollers preist die Geheimhaltung flüchtiger Liebschaften. Treue oder Aufrichtigkeit? Das ist die Frage, die sich Paaren heute stellt, seien sie nun verheiratet oder nicht.

Erstmalig in der Geschichte haben Frauen familiäre, ökonomische und sexuelle Autonomie erlangt. Für diejenigen, die heutzutage ins Berufsleben eintreten, ist das alte Schema Ehe-Kind-Haushalt nicht mehr von absoluter Bedeutung. Frauen gründen immer zahlreicher zu einem späteren Zeitpunkt als früher eine Familie, ihr Sexualleben dauert erheblich länger und hat an Intensität zugenommen. Auf eine erfüllte Sexualität wollen sie auch dann nicht verzichten, wenn sie sich für eine feste Partnerschaft entschieden haben. Eine solche Entwicklung hat Konsequenzen für die männliche Identität, und man kann sich fragen, ob die Verwirklichung der Frau nicht die des Mannes einschränkt. Aktive, verdienende Frau, Gattin, Mutter und Hausherrin – das ist viel für den einstigen *pater familias*, der nun wiederum eine eigene, von den alten Mustern gelöste Männlichkeit zu finden hat.

»Das Bedürfnis, bei einer treuen Frau Geborgenheit zu finden, ist im Archaismus des menschlichen Wesens verankert.«

In Bezug auf die Treue sind die Veränderungen nicht minder bedeutend. Früher stellten Ehebrüche den ewigen Bund kaum in Frage. In wohlhabenden Kreisen wurde weitgehend öffentlich ein Doppelleben geführt, und sonst bestand Untreue zumeist aus flüchtigen Verhältnissen, die die Ehe nicht gefährdeten. Heute ist der Begriff der Treue so präsent wie niemals zuvor. Der Soziologe Michel Bozon, der 1992 an einer Untersuchung über die Sexualität der Franzosen beteiligt war, beobachtete, dass die Partner, wenn sie eine Beziehung eingingen, sehr hohe Erwartungen aneinander stellten. Weil eine Trennung leichter als früher ist, werden Abenteuer außerhalb des offiziellen Verhältnisses als äußerst gefährlich angesehen, besonders von Frauen. Aber wenn sich die Paare zumindest am Anfang ihres gemeinsamen Lebens auch Treue auferlegen, so wissen sie doch, dass ihnen eine Trennung oder Scheidung als möglicher Ausweg bleibt, und das macht die Bindung erträglicher. Dieser besondere Vertrag ist zum Verbündeten einer dauerhaften Partnerschaft geworden. Da es keine moralischen, religiösen und sozialen Barrieren mehr gibt, muss man treu sein, um sich einer Dauerhaftigkeit der Beziehung sicher sein zu können. Die egalitäre Situation ist neu in der Geschichte. Auch durch den heutigen »Versorgungsstaat«, der einen Teil der einst vom Ehemann wahrgenommenen Funktionen übernimmt und die materiellen wie psychologischen Folgen des weiblichen Ehebruchs trägt, hat sich das Blatt gewendet.

Noch jüngste Umfragen zeigen, dass Untreue in Zeiten, in denen Aufrichtigkeit der Motor von Liebesbeziehungen zu sein scheint, mehr und mehr kritisiert wird. Authentizität, Offenheit, Transparenz und Hingabe: die Partner wollen sich

Rechts: Der Kuss, *Gustav Klimt (1862–1918).*
»Ich weiß,
ihr berührt euch so selig, weil die
Liebkosung verhält,
weil die Stelle nicht schwindet,
die ihr, Zärtliche,
zudeckt; weil ihr darunter das reine
Dauern verspürt. So versprecht
ihr euch Ewigkeit fast
von der Umarmung.«
Rainer Maria Rilke, Duineser Elegien, *Die zweite Elegie*

aufeinander verlassen können, Ängste wie Freuden des gemeinsamen Lebens teilen und vollkommen ehrlich zueinander sein. In der Realität sind Worte und Taten zweierlei, und manchmal gibt es doch Geheimnisse, um das Schlimmste zu verhindern. Dem Soziologen Jean-Claude Kaufmann zufolge ist der Wille zu Treue und Aufrichtigkeit für sich genommen schon interessant, denn er zeigt, dass das Paar von heute eine größere Beziehungsqualität fordert.

Gleichzeitig stehen dem Partner laut Kaufmann andere Kompensationsmöglichkeiten wie etwa die »legalen Treulosigkeiten« zur Verfügung, jene Verführungsspielchen und viel sagenden Wort- und Blickwechsel, die an den Grenzen des Verbotenen enden und in festen Zweierbeziehungen oft eine ausgleichende Funktion erfüllen.

Ehebruch auf Orientalisch

In Saudi-Arabien erhielt eine Frau wegen Untreue vierzig Stockhiebe. Im Iran wurde eine andere ausgepeitscht. In den 1990er Jahren wurde dort ein Deutscher inhaftiert, weil er ein Verhältnis mit einer verheirateten Einheimischen hatte. In Afghanistan wurde unter der Herrschaft der fundamentalistischen Taliban eine Ehebrecherin zu Tode gesteinigt. Während die Frauen im Westen heutzutage ihre Leidenschaften frei ausleben können, sind ihre Schwestern in muslimischen Ländern, besonders dort, wo der Fanatismus regiert, noch weit davon entfernt. Wie die anderen großen Weltreligionen verbietet auch der Islam den Ehebruch. Strenger aber als andere bestraft dieser die Schuldigen: Für Unverheiratete, die ein unerlaubtes sexuelles Verhältnis eingehen, schreibt der Koran hundert Peitschenhiebe vor. Verheiratete Ehebrecher sollen zu Tode gesteinigt werden. Glücklicherweise wurde diese Strafe im Laufe der Jahrhunderte nur selten verhängt, da der Koran zusätzlich anordnet, dass der Ehebruch durch vier Augenzeugen festgestellt werden muss (Sure 24/4). Und wer eine falsche Zeugenaussage macht, erhält achtzig Peitschenhiebe. Ein anderes Gesetz dagegen erlaubt dem Gatten, seine Frau ohne konkreten Beweis, allein aufgrund seiner Gewissheit, anzuzeigen. Hat er sich geirrt, erwarten allerdings ihn selbst die achtzig Peitschenhiebe.

Um eine Art verdeckten Ehebruch handelt es sich bei den gesetzlich erlaubten Lebensgemeinschaften auf Zeit der schiitischen Muslime. Diese *mut'ah* genannten Ehen werden für eine im Voraus festgesetzte Dauer (ein Tag, ein Jahr …) geschlossen. Für sie gilt keines der mit der regulären Ehe verbundenen Rechte (Erbschaft, Verstoßung …). Die Sunniten halten solche Verbindungen für unrechtmäßig.

Der Ehebruch auf der Leinwand

»Die Liebe ist das Sujet der Sujets. Sie nimmt im Leben einen solchen Platz ein, dass ich, wenn man mir mit der Statistik in der Hand bewiese, dass neun von zehn Filmen von der Liebe handelten, antworten würde, das sei nicht genug.« (François Truffaut) Ebenso wie das Theater und die Literatur hat das Kino immer von Liebe erzählt, und vor allem die Konstellation Ehemann-Frau-Geliebter mit ihren Gefühlsregistern – Leidenschaft, Hass, Eifersucht, Rivalität, Besitzgier – bot stets Stoff für fesselnde Geschichten.

Von dem seinerzeit ungeheuer gewagten Film *Erotikon* (1920) des Schweden Mauritz Stiller, in dem ein Ehepaar sich gegenseitig seine Treulosigkeiten gesteht, ohne dass dadurch die Ehe erschüttert wird, bis zu *La Nouvelle Ève* (1999) von Catherine Corsini, der an die neue Liebesordnung der Jahrtausendwende denken lässt, über die Hollywoodkomödien, in denen das ehebrecherische Paar stets von der knisternden Aura des Skandals umgeben ist – in jeder Epoche spiegelt das Liebestrio der Filmwelt die Veränderungen der Sitten wider. Besonders das Kino der *Nouvelle Vague* hat die emanzipierte Frau auf die Leinwand gebracht und dadurch zu Bewusstseinsveränderungen beigetragen.

Heute mag das Thema des Ehebruchs anachronistisch erscheinen: Keine Ehre ist mehr zu verteidigen, kein Verrat zu bestrafen, und der Ehemann kann dem Geliebten seiner Frau verzeihen, ohne unmoralisch zu wirken. Nach wie vor aber inspiriert die Untreue die Filmemacher, denn die Gefühle, die mit ihr zusammenhängen, sind zeitlos. Von Ehe, Ehebruch und Sexualität handeln die meisten Filme Woody Allens oder Jean-Luc Godards. Es ist kaum möglich, im Kino jenen Dreiecksgeschichten zu entkommen, die so viel über die menschliche Natur verraten.

Oben: *Variationen der untreuen Frau:* Das verflixte siebte Jahr *von Billy Wilder, 1955,* Engel *von Ernst Lubitsch, 1937, und* Die große Leidenschaft *von David Lean, 1948.*

Vorhergehende Doppelseite: Belle de jour – Schöne des Tages *von Luis Buñuel, 1967, mit Catherine Deneuve: Auf beunruhigende Weise analysiert der Regisseur den bürgerlichen Ehebruch, der außer Kontrolle gerät und in gewisser Weise pathologisch wird.*

Ein relativer Fortschritt

Hat die soziokulturelle Entwicklung seelische Strukturen verändert? Ist das moderne Paar von Eifersucht befreit? Auch heute noch besteht die Ansicht weiter, eine Frau mit einem lockeren Sexualleben sei verworfen, ein sexuell freizügiger Mann dagegen ein Don Juan. Obwohl sich die Moralvorstellungen seit Mitte des 20. Jahrhunderts verändert haben, sind manche Vorurteile eben unverwüstlich. Häufig wird behauptet, eine Frau werde niemals dieselben sexuellen und emotionalen Interessen haben wie ein Mann. Für diesen ist die Sexualität Quelle des Glücks wie der Angst in Bezug auf seine Potenz, sein Alter und seine Wünsche. Für die Frau verweist sie eher auf den Zustand der Partnerschaft, und in dem Maße, wie sie für die authentische, Körper und Geist verbindende Liebe einsteht, bedroht die Untreue der Frau den Mann viel unmittelbarer als umgekehrt. Denn, so Julia Kristeva, die Gesellschaft braucht immer eine Repräsentation der Frau als Mutter, und sobald sich eine Frau eine freie Sexualität erlaubt, fühlt sie sich bedroht. Damit bringt sie die normativen Vorstellungen von der Frau als Gattin und Mutter ins Wanken, ist doch das »Bedürfnis, bei einer treuen Frau Geborgenheit zu finden, im Archaismus des menschlichen Wesens verankert«.

Es scheint ganz so, als sei die Treue ein psychologisch notwendiges Moment zur Festigung jeder Liebesbeziehung. Nach wie vor stellt die Untreue eine harte Probe für den betrogenen Liebenden dar. Sie verursacht Eifersuchtsqualen und verletzt das Selbstbewusstsein.

Ein neuer Liebespakt

Der Ehebruch, der ein schweres Verbrechen im Ancien Régime war und ein Delikt im 19. Jahrhundert, ist heute nicht mehr strafbar. Er wurde zu einer reinen Privatangelegenheit, die oft verziehen wird. Die Doppelmoral, die den Frauen Treue auferlegte und den Männern sexuelle Freiheit gewährte, indem sie den Ehebruch der Gattinnen verurteilte und den der Gatten verzieh, lässt einen heute lächeln – so wie das Wort »Ehebruch«, das beinah altmodisch klingt. Es wird in unseren Tagen zumeist durch »Untreue« ersetzt, um damit auch den nichtehelichen Lebensgemeinschaften Rechnung zu tragen.

Keine Epoche hat mehr über die Partnerschaft – übrigens ein Begriff des 20. Jahrhunderts – nachgedacht als unsere. Die Betonung liegt heutzutage auf der gegenseitigen Verpflichtung. Man kann die Treue wählen, das heißt, die Partner entscheiden sich für Treue respektive Untreue, was allerdings für beide in gleicher Weise verbindlich sein muss. Obwohl die gegenwärtige Langlebigkeit von Partnerschaften wohl kaum die Folge geforderter absoluter Treue ist, scheint diese dennoch ein Mittel zu sein, um einer Beziehung Dauerhaftigkeit zu verleihen. Was ist besser: weise ein Auge zuzudrücken oder die Idee einer ausschließlichen Partnerschaft zu vertreten? »Liebe mich, das heißt, verdächtige mich nicht«, schrieb Vivant Denon. Das wäre ein interessantes Motto für einen neuen Liebeskodex, dessen Schlüsselbegriffe Vertrauen und vielleicht Aufrichtigkeit wären. Aber was ist Ehrlichkeit ohne Ethik?

Das ist zweifellos die große Frage angesichts der neuen Liebesordnung in unserer Gesellschaft, die sich beständig weiterentwickelt.

Rechts: *Ohne eigentlich ein Film über den Ehebruch zu sein, thematisiert* Jules und Jim *von François Truffaut, 1961, das Problem des Dreiecksverhältnisses und der Tragik zu großer Offenheit.*

»Gestern wie heute stellt die Untreue eine harte Probe für den betrogenen Liebenden dar. Sie verursacht Eifersuchtsqualen und verletzt das Selbstbewusstsein.«

Rechts: Liebespaar, *Wolfgang Mattheuer (geb. 1927). Sich des anderen bemächtigen, ihn besitzen: Liebe ist ausschließlich, Treue ein unersättlicher Anspruch.*

Bibliografie

Zitierte Werke und weitere Titel zum Thema in Auswahl

Belletristische Werke

Aischylos: *Die Orestie. (Agamemnon, Die Totenspende, Die Eumeniden).* Reclam, Stuttgart

D'Annunzio, Gabriele: *Das Opfer.* Matthes & Seitz, München 1997

Aristophanes: *Lysistrata.* Insel-Bücherei , Frankfurt/M. 1983

Aristoteles: *Politik.* Felix Meiner, Hamburg 1958

Arnim, Elisabeth von: *Das Geheimnis der Schwestern.* Ullstein, Frankfurt/M./Berlin 1995

Balzac, Honoré de: *Physiologie der Ehe oder Philosophisch-eklektische Betrachtungen über Glück und Unglück in der Ehe, veröffentlicht von einem jugendlichen Junggesellen.* Buchverlag der Morgen, Berlin 1990

ders.: *Die Frau von dreißig Jahren.* In: ders.: *Die Menschliche Komödie.* Die großen Romane und Erzählungen. Insel Tb., Frankfurt/M. 1996

Boccaccio, Giovanni: *Das Dekameron.* Artemis & Winkler, Düsseldorf 1999

Cervantes Saavedra, Miguel de: *Der eifersüchtige Extremadurer.* In: ders.: Die Novellen. Insel Tb., Frankfurt/M. 1987

Choderlos de Laclos: *Schlimme Liebschaften.* Mit vierzehn Kupferstichen. Insel Tb., Frankfurt/M. 1972

Dante Alighieri: *Die göttliche Komödie.* Mit fünfzig Zeichnungen v. Botticelli. Insel Tb., Frankfurt/M. 1974

Diderot, Denis: *Nachtrag zu »Bougainvilles Reise« oder Gespräch zwischen A. und B. über die Unsitte, moralische Ideen an gewisse physische Handlungen zu knüpfen, zu denen sie nicht passen.* Insel, Frankfurt/M. 1965

Dubus, André: *Ehebruch und anderes. Vier Novellen.* Rowohlt Tb., Reinbek 1996

Dumas, Alexandre (d.J.): *Die Kameliendame.* Suhrkamp, Frankfurt/M. 1999

Eça de Queiroz, José Maria: *Vetter Basilio.* Aufbau Tb., Berlin 1997

Euripides: *Hippolytos,* in: ders.: Die Tragödien und Fragmente. Bd. 1, Artemis, Zürich 1958

ders.: *Medea.* Reclam, Stuttgart

Flaubert, Gustave: *Madame Bovary.* dtv, München 1980

ders.: *Die Erziehung des Herzens. Geschichte eines jungen Mannes.* Diogenes, Zürich 1986

Fontane, Theodor: *Cécile.* Insel Tb., Frankfurt/M. 1997

ders.: *Effi Briest.* Insel Tb., Frankfurt/M. 1994

ders.: *L'Adultera.* Insel Tb., Frankfurt/M. 1991

Giraudoux, Jean: *Amphitryon 38.* Reclam, Stuttgart

Goethe, Johann Wolfgang von: *Die Wahlverwandtschaften.* In: ders.: Werke, Hamburger Ausgabe in 14 Bänden, Bd. 6, C. H. Beck, München 1996

Gottfried von Straßburg: *Die Geschichte der Liebe von Tristan und Isolde.* Reclam, Stuttgart 1998

Griffin, Victoria: *Sonntags nie. Die Geschichte der heimlichen Geliebten.* Rütten & Loening, Berlin 2000

Hawthorne, Nathaniel: *Der scharlachrote Buchstabe.* Aufbau Tb., Berlin 1998

Heine, Heinrich: *Französische Maler. Französische Zustände. Über die französische Bühne.* Bd. 12/1 der histor.-krit. Gesamtausg. der Werke, Hoffmann und Campe, Hamburg 1980

Ibsen, Henrik: *Nora oder Ein Puppenheim.* Insel Tb., Frankfurt/M. 1978

Jelinek, Elfriede: *Clara S. musikalische Tragödie.* In: dies.: Theaterstücke. Rowohlt Tb., Reinbek 1992

Juvenalis, Decimus Junius: *Satiren.* Berlin, Stuttgart 1855–1917

Keyserling, Eduard Graf von: *Dumala.* dtv, München 1998

Kleist, Heinrich von: *Amphitryon. Ein Lustspiel nach Molière.* Reclam, Stuttgart

La Fayette, Marie Madeleine de: *Die Prinzessin von Cleve.* München/Berlin 1918

Lauter Seitensprünge. Ein literarisches Lesebuch. Hg. v. Barbara Bronnen. Verlag C.H. Beck, München 1997

Lawrence, David H.: *Lady Chatterley.* Roman. Sonderausg., Rowohlt, Reinbek 1982

Lucian: *Göttergespräche.* Berlin 1919

Lysias: *Rede wegen Ermordung des Eratosthenes.* In: ders.: Die erhaltenen Reden, Bd. 1, Stuttgart 1867

Malory, Thomas: *Die Geschichten von König Artus und den Rittern seiner Tafelrunde.* Insel Tb., Frankfurt/M. 1977

Maupassant, Guy de: *Bel-Ami.* Philipp Reclam jun., Stuttgart 1973

ders.: *Mont-Oriol.* Illustrationen v. F. Bac. Insel Tb., Frankfurt/M. 1980

Mercier, Louis-Sébastien: *Mein Bild von Paris.* Mit dreiundvierzig Wiedergaben nach zeitgenöss. Kupferstichen. Hg. v. Jean Villain. Insel, Leipzig 1976

Michael Montaigne's Gedanken und Meinungen über allerley Gegenstände. 5. Bd., Berlin 1794

Molière: *Amphitryon.* Reclam, Stuttgart

ders.: *Der Betrogene oder Georges Dandin.* In: ders.: Komödien III, Diogenes, Zürich 1997

Montesquieu: *Persische Briefe.* In: ders.: Ausgew. Schriften. Wilhelm Borngräber, Berlin 1918

Moor, Margriet de: *Erst grau dann weiß dann blau.* Carl Hanser, München 1993

Musil, Robert: *Die Schwärmer.* Rowohlt Tb., Reinbek 1995

Neue Jerusalemer Bibel. Neu bearb. u. erw. Ausg., Herder, Freiburg/Basel/Wien 1985

Orban, Christine: *Planspiele der Liebe.* S. Fischer, Frankfurt/M. 1998

Racine, Jean: *Phädra.* Trauerspiel in fünf Aufzügen. Philipp Reclam jun., Stuttgart 1988

Rousseau, Jean-Jacques: *Julie oder Die neue Héloïse.* Artemis & Winkler, Düsseldorf 1988

Sackville-West, Vita: *Schloß Chevron.* Fischer Tb., Frankfurt/M. 1990

Sandor, Marai: *Die Glut.* Piper, München 2000

Schnitzler, Arthur: *Der grüne Kakadu.* Reclam, Stuttgart

ders.: *Liebelei. Reigen.* Fischer Tb., Frankfurt/M. 1997

ders.: *Traumnovelle.* S. Fischer, Frankfurt/M. 1995

Shakespeare, William: *Othello.* In: ders.: Sämtliche Werke in vier Bänden. Aufbau, Berlin/ Weimar 1994

Sidesteps. Texte zum Thema Seitensprung. Hg. v. Sylvia Treidl. Fischer Tb., Frankfurt/M. 1998

Tolstoi, Leo N.: *Anna Karenina.* dtv, München 1978

Tschechow, Anton: *Die Dame mit dem Hündchen.* Diogenes, Zürich 1994

Weiß, Ernst: *Jarmila. Eine Liebesgeschichte aus Böhmen.* Suhrkamp, Frankfurt/M. 1998

Weldon, Fay: *Ehebruch.* Knaur Tb., München 1997

Wilde, Oscar: *Lady Windermere's Fächer.* Reclam, Stuttgart 1998

Wohmann, Gabriele: *Der Flötenton.* Piper, München 1996

Zola, Emile: *Nana.* Vollst. Ausg., dtv, München 1976

Zweig, Stefan: *Verwirrung der Gefühle.* S. Fischer, Frankfurt/M. 1983

Sachbücher

Ariès, Philippe/Duby, Georges: *Geschichte des privaten Lebens.* 5 Bde., S. Fischer, Frankfurt/M. 1989–1993

Beauvoir, Simone de: *Das andere Geschlecht. Sitte und Sexus der Frau.* Rowohlt Tb., Reinbek 1992

Brantôme, Pierre de Bourdeille Seigneur de: *Das Leben der galanten Damen.* Insel, Leipzig 1986

Duby, Georges: *Die Frau ohne Stimme. Liebe und Ehe im Mittelalter.* Klaus Wagenbach, Berlin 1988
ders.: *Heloise, Isolde und andere. Frauen im 12. Jahrhundert.* S. Fischer, Frankfurt/M. 1997
ders.: *Mütter, Witwen, Konkubinen. Frauen im zwölften Jahrhundert.* S. Fischer, Frankfurt/M. 1997
ders.: *Ritter, Frau und Priester. Die Ehe im Frankreich des 11. und 12. Jahrhunderts.* Suhrkamp, Frankfurt/M. 1985
Eheglück und Liebesjoch. Bilder von Liebe, Ehe und Familie in der Literatur des 15. und 16. Jahrhunderts. Hg. v. Maria E. Müller. Beltz, Weinheim 1998
Faludi, Susan: *Backlash. Die Männer schlagen zurück.* Rowohlt Tb., Reinbek 1995
Farge, Arlette: *Das brüchige Leben. Verführung und Aufruhr im Paris des 18. Jahrhunderts.* Klaus Wagenbach, Berlin 1989
Farge, Arlette/Foucault, Michel: *Familiäre Konflikte: Die »Lettres de cachet«. Aus den Archiven der Bastille im 18. Jahrhundert.* Suhrkamp, Frankfurt/M. 1989
Geschichte der Familie. Hg. v. André Burguière (u. a.), 4 Bde., Campus, Frankfurt/M. 1996–1998
Guillebaud, Jean-Claude: *Die Tyrannei der Lust. Sexualität und Gesellschaft.* Luchterhand, München 1999
Kaufmann, Jean-Claude: *Schmutzige Wäsche. Zur ehelichen Konstruktion von Alltag.* Universitäts-Verlag Konstanz, Konstanz 1994
Kossak, Wolfgang: *Ehebruch. Berühmte Seitensprünge der Geschichte.* Carl Ueberreuter, Wien 2000
Schmiedt, Helmut: *Liebe, Ehe, Ehebruch: ein Spannungsfeld in deutscher Prosa von Christian Fürchtegott Gellert bis Elfriede Jelinek.* Westdeutscher Verlag, Opladen 1993
Shorter, Edward: *Die Geburt der modernen Familie.* Rowohlt, Reinbek 1977
Weber-Kellermann, Ingeborg: *Frauenleben im 19. Jahrhundert: Empire und Romantik, Biedermeier, Gründerzeit.* C.H. Beck, München 1998
Wörterbuch der Antike. Mit Berücksichtigung ihres Fortwirkens. Begr. v. Hans Lamer, fortgeführt v. Paul Kroh. Alfred Kröner, Stuttgart 1976

Filmografie

8½. I 1962. R.: Federico Fellini, D.: Marcello Mastroianni, Anouk Aimée, Claudia Cardinale
Die Andere. F 1989. R.: Christopher Frank, D.: Anny Duperey, Jean Rochefort
Anna Karenina. USA 1935. R.: Clarence Brown, D.: Greta Garbo, Fredrick March
Begegnung des Schicksals. USA 1999. R.: Sydney Pollack, D.: Harrison Ford, Kristin Scott Thomas
Belle de jour – Schöne des Tages. F 1967. R.: Luis Buñuel, D.: Catherine Deneuve, Pierre Clémenti
Die Brücken am Fluss. USA 1995. R.: Clint Eastwood, D.: Clint Eastwood, Meryl Streep
Du allein. CSSR 1988. R.: Zuzana Hojdeva, D.: Jana Krauseva, Jan Krans, Frantisek Stanek
Effi Briest. BRD 1972–1974. R.: Rainer Werner Fassbinder, D.: Hanna Schygulla, Wolfgang Schenck
Die Ehe der Maria Braun. BRD 1978. R.: Rainer Werner Fassbinder, D.: Hanna Schygulla, Klaus Löwitsch
Elf Uhr nachts. F/I 1965. R.: Jean-Luc Godard, D.: Jean-Paul Belmondo, Anna Karina
Das Ende einer Affäre. Romanverfilmung nach Graham Greene. GB 1999. R.: Neil Jordan, D.: Ralph Finnes, Julianne Moore
Engel. USA 1937. R.: Ernst Lubitsch, D.: Marlene Dietrich, Herbert Marshall
Erotikon. S 1920. R.: Mauritz Stiller, D.: Lars Hanso, Tora Teye
Fahrstuhl zum Schafott. F 1957. R.: Louis Malle, D.: Maurice Ronet, Jeanne Moreau
Gefährliche Liebschaften. GB 1988. R.: Stephen Frears, D.: Glenn Close, John Malkovich, Michelle Pfeiffer
Jenseits von Afrika. USA 1985. R.: Sydney Pollack, D.: Meryl Streep, Robert Redford
Jules und Jim. F 1961. R.: François Truffaut, D.: Jeanne Moreau, Oskar Werner, Henri Serre
Die Kameliendame. USA 1937. R.: George Cukor, D.: Robert Taylor, Greta Garbo
Katinka. BRD 1987. R.: Max von Sydow, D.: Tammi Oest, Kurt Ravn
Leading Man. USA 1996. R.: John Duigan, D.: Jon Bon Jovi, Anna Galiena
Die Liebenden. F 1958. R.: Louis Malle, D.: Jeanne Moreau, Alain Cunny
Madame Bovary. F 1991. R.: Claude Chabrol, D.: Isabelle Huppert, Christoph Malavoy
Männer. BRD 1985. R.: Doris Dörrie, D.: Ulrike Kriener, Heiner Lauterbach, Uwe Ochsenknecht
Man spricht über Jacqueline. D 1937. R.: Werner Hochbaum, D.: Wera Engels, Albrecht Schönhals
Mit den Waffen einer Frau. F 1958. R.: Claude Autant-Lara, D.: Brigitte Bardot, Jean Gabin
One Night Stand. USA 1997. R.: Mike Figgis, D.: Wesley Snipes, Nastassja Kinski
Ossessione … von Liebe besessen. I 1942/43. R.: Luchino Visconti, D.: Clara Calamai, Massimo Girotti
Die Reifeprüfung. USA 1967. R.: Mike Nichols, D.: Dustin Hoffman, Anne Bancroft, Katherine Ross
Der scharlachrote Buchstabe. USA 1995. R.: Roland Joffé, D.: Demi Moore, Gary Oldman
Seitensprung für Anfänger. F 1995. R.: Christine Pascal, D.: Richard Berry, Karin Viard
Stachel des Todes. Japan 1990. R.: Kohei Oguri, D.: Keiko Marsuzaka, Ittoku Kishibe
Stadtgespräch. BRD 1995. R.: Rainer Kaufmann, D.: Katja Riemann, August Zima
Die Sünde der Schwester. USA 1983. R.: Steven Hillard Stern, D.: Ted Wass, Phoebe Cates
Die süße Haut. F 1964. R.: François Truffaut, D.: Jean Descuilly, Françoise Dorléac, Nelly Benedetti
Szenen einer Ehe. S 1972. R.: Ingmar Bergmann, D.: Liv Ullmann, Erland Josephson
Die Tochter der Lüge. MEX 1951. R.: Luis Buñuel, D.: Fernando Soler, Alicia Caro, Rubén Rojo
Und immer lockt das Weib. F 1957. R.: Roger Vadim, D.: Brigitte Bardot, Curd Jürgens
Die untreue Frau. F/I 1968. R.: Claude Chabrol, D.: Stéphane Audran, Michel Bouquet
Das verflixte siebte Jahr. USA 1955. R.: Billy Wilder, D.: Marilyn Monroe, Tom Ewell
Eine verhängnisvolle Affäre. USA 1987. R.: Adrian Lyne, D.: Michael Douglas, Glenn Close
Zeit der Unschuld. USA 1993. R.: Martin Scorsese, D.: Michelle Pfeiffer, Daniel Day-Lewis, Winona Ryder

Bildnachweis

Umschlag-Vorderseite: A. Dürer, *Eva,* Prado, Madrid © Giraudon. **Umschlag-Rückseite:** F. Truffaut, *Jules und Jim.* **S. 3:** A. E. Fragonard, *Der Riegel,* Detail, Louvre, Paris © Giraudon. **S. 4:** A. Dürer, *Eva,* Detail, Prado, Madrid © Giraudon. **S. 5:** A. Dürer, *Eva,* Detail, Prado, Madrid © Giraudon. **S. 6–7:** © BNF, Paris. **S. 8–9:** *Silène et les ménades,* Kunsthistorisches Museum, Wien © AKG. **S. 9:** Musée des Beaux-Arts, Caen © Giraudon. **S. 10:** Louvre, Paris © RMN/Chuzeville. **S. 11:** Kunsthalle, Hamburg © AKG, Paris. **S. 12:** Louvre, Paris © RMN. **S. 13:** © Dagli Orti. **S. 14–15:** Musée du Petit-Palais, Avignon © Giraudon. **S. 16–17:** Musée Gustave Moreau, Paris © RMN/C. Jean. **S. 18–19:** Museo nazionale, Neapel © Giraudon. **S. 20:** Louvre, Paris © RMN/H. Lewandowski. **S. 21:** Louvre, Paris © RMN/Chuzeville. **S. 22:** National Gallery, London © AKG, Paris. **S. 23:** Musée municipal, Laon © Lauros-Giraudon. **S. 24:** Louvre, Paris © Giraudon. **S. 25:** © AKG, Paris. **S. 26–27:** Louvre, Paris © Lauros-Giraudon. **S. 28–29:** *Scène érotique,* Museo archeologico nazionale, Neapel © AKG. **S. 29/31:** Musée de la Chartreuse, Douai © Giraudon. **S. 32:** Musée des Beaux-Arts, Lille © RMN/R. G. Ojeda. **S. 33:** Musée d'Orsay, Paris © RMN/H. Lewandowski. **S. 34–35:** © Alinari/Giraudon. **S. 36–37:** Biblioteca Apostolica, Rom, Vatikan © Giraudon. **S. 38:** © AKG, Paris. **S. 39:** © Alinari/Giraudon. **S. 40:** Walters Art Gallery, Baltimore © AKG, Paris. **S. 41:** Musée des Antiquités nationales, Saint-Germain-en-Laye © RMN/ G. Blot. **S. 42:** Kunsthistorisches Museum, Wien © AKG, Paris. **S. 43:** Maryhill Museum of Art, Washington © AKG, Paris. **S. 44–45:** © AKG, Paris. **S. 45:** Marc Chagall, *Le Cantique des cantiques II,* Musée national message biblique Marc Chagall, Nizza © RMN/G. Blot © ADAGP, Paris 1999. **S. 47:** Louvre, Paris © RMN/H. Lewandowski. **S. 48:** © BNF, Paris. **S. 49:** Rijksmuseum, Amsterdam © AKG, Paris. **S. 50–51:** Louvre, Paris © RMN/ D. Arnaudet. **S. 52–53:** Musée Condé, Chantilly © Giraudon. **S. 54:** © Dagli Orti. **S. 55:** © Dagli Orti. **S. 56:** Bibliothèque Sainte-Geneviève, Paris © J.-L. Charmet. **S. 57:** Biblioteca Real, Escurial © Giraudon. **S. 58–59:** Musée Crozatier, Le Puy-en-Velay © Giraudon. **S. 61:** Duomo, San Gimignano © Alinari/Giraudon. **S. 62:** Museum der Bildenden Künste © AKG, Paris. **S. 63:** Musée municipal, Laon © Giraudon. **S. 65:** Kirche San Agostino, San Gimignano © Giraudon. **S. 66–67:** *Almanach des bergers,* © Giraudon. **S. 67:** Roman de Lancelot, © BNF, Paris. **S. 69:** Prado, Madrid © Dagli Orti. **S. 70:** Bibl. Heidelberg © AKG, Paris. **S. 71:** © BNF, Paris. **S. 72–73:** British Library, London © Bridgeman/Giraudon. **S. 74:** Musée Condé, Chantilly © Dagli Orti. **S. 75:** Musée Condé, Chantilly © Dagli Orti. **S. 76:** BNF, Paris © AKG, Paris. **S. 77:** AKG, Berlin © AKG, Paris. **S. 78–79:** *Ceinture de chasteté,* © BNF, Paris. **S. 79:** Boccaccio, *Dekamerone,* © BNF, Paris. **S. 81:** Musée d'Angers © Giraudon. **S. 82:** © BNF, Paris. **S. 83:** © J.-L. Charmet. **S. 84:** Bibliothèque des Arts décoratifs, Paris © J.-L. Charmet. **S. 85:** Prado, Madrid © Giraudon. **S. 86–87:** SMPK, Staatsbibliothek, Berlin © AKG, Paris. **S. 88:** Musée Condé, Chantilly © Giraudon. **S. 89:** Bibliothek der Universität Uppsala, Uppsala © Dagli Orti. **S. 90–91:** Musée national du Moyen Âge © Giraudon. **S. 92:** Krankenhaus Santa Maria della Scala, Siena © Dagli Orti. **S. 94–95:** Bibliothèque des Arts décoratifs, Paris © J.-L. Charmet. **S. 96–97:** Musée d'Art et d'Histoire, Metz © Dagli Orti. **S. 98:** © BNF, Paris. **S. 99:** Sammlung Beit, Wicklow © Bridgeman/Giraudon. **S. 100–101:** *Die Beichte,* AKG, Berlin © AKG, Paris. **S. 101:** J. Janssens, *Réunion galante* (Detail), Musée des Beaux-Arts, Valenciennes © Lauros-Giraudon. **S. 102:** © BNF, Paris. **S. 103:** Musée de l'Œuvre Notre-Dame, Strasbourg © Giraudon. **S. 104:** © Lauros-Giraudon. **S. 105:** Neue Pinakothek, München © AKG, Paris. **S. 106:** Duomo, San Gimignano © Alinari/Giraudon. **S. 107:** © BNF, Paris. **S. 108–109:** Musée des Beaux-Arts, Rennes © Giraudon. **S. 110–111:** Palazzo ducale, Venedig © Cameraphoto arte Giraudon. **S. 112:** Musée des Beaux-Arts, Dijon © Giraudon. **S. 113:** © Giraudon. **S. 114:** Hôtel Sandelin, Saint-Omer © Giraudon. **S. 115:** © BNF, Paris. **S. 116:** Puschkin Museum, Moskau © Giraudon. **S. 117:** Reformierte Kirche Frankreichs, Paris © Lauros-Giraudon. **S. 118:** Musée Cognacq-Jay, Paris © Lauros-Giraudon. **S. 119:** © AKG, Paris. **S. 120:** © BNF, Paris. **S. 121:** Puschkin Museum, Moskau © Giraudon. **S. 122o:** A. E. Fragonard, *Diane de Poitiers dans l'atelier de Jean Goujon,* Louvre, Paris © RMN/R. G. Ojeda. **S. 122u:** H. Gascard, *La Marquise de Montespan,* Privatsammlung © Visioars/AKG, Paris. **S. 123o:** Schule von Fontainebleau, 16. Jh., *Gabrielle d'Estrées et une de ses sœurs,* Louvre, Paris © RMN/C. Jean. **S. 123u:** M. Quentin de La Tour, *Madame Pompadour,* Louvre, Paris © AKG, Paris. **S. 124–125:** © BNF, Paris. **S. 125:** A.E. Fragonard, *L'Escarpolette,* Sammlung Wallace, London © Bridgeman/Giraudon. **S. 127:** Musée Carnavalet, Paris © Lauros-Giraudon. **S. 128o:** © J.-L. Charmet. **S. 128u:** Louvre, Paris. **S. 129:** Louvre, Paris © RMN/G. Blot. **S. 130:** © BNF, Paris. **S. 131:** © BNF, Paris. **S. 132–133:** Louvre, Paris © Lauros-Giraudon. **S. 134–135:** Musée Bonnat, Bayonne © RMN/R. G. Ojeda. **S. 136:** © J.-L. Charmet. **S. 137:** © BNF, Paris. **S. 138–139:** Musée Cognacq-Jay, Paris © Bulloz. **S. 140–141:** Louvre, Paris © Giraudon. **S. 142–143:** Louvre, Paris © Giraudon. **S. 144:** Musée de la Police, Paris © J.-L. Charmet. **S. 145:** Musée Cognacq-Jay, Paris © Bulloz. **S. 146–147:** *Maris trompés et condamnation de leurs épouses,* © J.-L. Charmet. **S. 147:** *Caricature sur les saints-simoniens,* Musée Carnavalet, Paris © J.-L. Charmet. **S. 149:** © Selva. **S. 150:** Sammlung Bouvet, Paris © J.-L. Charmet. **S. 151:** Bibliothèque des Arts décoratifs, Paris © J.-L. Charmet. **S. 152:** © BNF, Paris. **S. 153:** Musée Carnavalet, Paris © J.-L. Charmet. **S. 154–155:** Musée des Beaux-Arts, Bordeaux © Giraudon © ADAGP, Paris 1999. **S. 156:** © Selva. **S. 158:** Musée Carnavalet, Paris © J.-L. Charmet. **S. 159:** Bibliothèque des Arts décoratifs, Paris © J.-L. Charmet. **S. 161:** Musée du Petit Palais, Paris © AKG, Paris. **S. 162:** © J.-L. Charmet. **S. 163:** © J.-L. Charmet. **S. 164–165:** Nationalgalerie, Berlin © AKG, Paris. **S. 166–167:** Musée d'Orsay, Paris © RMN/H. Lewandowski. **S. 168–169:** Krankenhaus Salpêtrière, Paris © Bulloz. **S. 171:** Sammlung particulière Selva. **S. 172:** Kunsthalle, Hamburg © AKG, Paris. **S. 174–175:** Plakatausschnitt zum Film von Wim Wenders, *Der scharlachrote Buchstabe,* 1972, © Atmosphère/Selva. **S. 175:** © BNF, Paris. **S. 177:** © Prayer/Kipa. **S. 178:** Sammlung Christophe L. **S. 179:** *Der scharlachrote Buchstabe,* Film von Roland Joffé, mit Demi Moore. Sammlung Christophe L. **S. 180–181:** © Prayer/Kipa. **S. 182:** © J.-L. Charmet. **S. 183:** © J.-L. Charmet. **S. 184–185:** Musée d'Orsay, Paris © RMN/J. Schormans. **S. 187:** Musée des Beaux-Arts, Lille © RMN/R. G. Ojeda. **S. 188–189:** © AKG, Paris. **S. 190–191:** Roy Lichtenstein, *Forget it, forget me,* 1962. Gervitz, Mnuchin Purchase Fund, Waltham. Rose Art Museum © Roy Lichtenstein, New York © ADAGP, Paris 1999. **S. 191:** *Tisch und Bett,* Film von François Truffaut, mit Claude Jade, Jean-Pierre Léaud und Hiroko Berghauer, Sammlung Cinestar. **S. 193:** Walter Limot Sammlung Cinestar. **S. 194–195:** Sammlung Cinestar. **S. 196:** © Scoop. **S. 197:** © Magnum Photos. **S. 198:** © Gamma. **S. 199:** Kunstsammlung Nordrhein-Westfalen, Düsseldorf © AKG, Paris © ADAGP, Paris 1999. **S. 201:** Collection particulière, photothèque René Magritte © Giraudon © ADAGP, Paris 1999. **S. 202–203:** Sammlung F. M. Hall, Lincoln, Nebr., Sheldon Memorial Art Gallery, University Nebraska-Lincoln. Sammlung F. M. Hall, 1936. **S. 204:** Munch-Museet, Oslo © AKG, Paris © ADAGP, Paris 1999. **S. 207:** Galerie des Belvédère, Wien © AKG, Paris. **S. 208–209:** Sammlung Christophe L. **S. 210:** *Das verflixte siebte Jahr,* Film von Billy Wilder, mit Marilyn Monroe; *Engel,* Film von Ernst Lubitsch, mit Marlene Dietrich. Sammlung Cinestar. **S. 211:** © C. Cauchetier/Kipa. **S. 212–213:** Staatliches Museum, Schwerin © AKG, Paris © ADAGP, Paris 1999.

Die Deutsche Bibliothek – CIP Einheitsaufnahme
Ein Titeldatensatz für diese Publikation ist bei
Der Deutschen Bibliothek erhältlich

Aus dem Französischen übersetzt von Uta Rüenauver

Die Originalausgabe erschien 1999
unter dem Titel *Histoire de L'Adultère*
bei Éditions de La Martinière, Paris

Konzeption und Realisierung: Rampazzo & Associés
Bebilderung: Edith Garaud

Deutsche Ausgabe

Satz: Fotosatz Ressemann, Hochstadt
Printed and bound by Artes Graficas, Toledo
ISBN 3-8067-2869-0
D.L. TO: 342-2000